青春美文精品集萃丛书·美好童心系列

童心是
神采飞扬的笑意

《语文报》编写组　选编

时代文艺出版社

图书在版编目（CIP）数据

童心是神采飞扬的笑意／《语文报》编写组选编.
-- 长春：时代文艺出版社，2021.6
（青春美文精品集萃丛书. 美好童心系列）
ISBN 978-7-5387-6773-5

Ⅰ.①童… Ⅱ.①语… Ⅲ.①作文－中小学－选集
Ⅳ.①H194.5

中国版本图书馆CIP数据核字(2021)第096464号

童心是神采飞扬的笑意
TONGXIN SHI SHENCAI-FEIYANG DE XIAOYI

《语文报》编写组　选编

出 品 人：陈　琛
责任编辑：王金弋
装帧设计：任　奕
排版制作：隋淑凤

出版发行：时代文艺出版社
地　　址：长春市福祉大路5788号　龙腾国际大厦A座15层　（130118）
电　　话：0431-81629751（总编办）　　0431-81629755（发行部）
网　　址：weibo.com/tlapress（官方微博）　　sdwycbsgf.tmall.com（天猫旗舰店）
开　　本：880mm×1230mm　1/32
字　　数：135千字
印　　张：7
印　　刷：三河市嵩川印刷有限公司
版　　次：2021年6月第1版
印　　次：2021年6月第1次印刷
定　　价：36.00元

图书如有印装错误　请寄回印厂调换

编 委 会

主　　编：刘应伦

编　　委：刘应伦　　赵　静　　李音霞

　　　　　郭　斐　　刘瑞霞　　王素红

　　　　　金星闪　　周　起　　华晓隽

　　　　　何发祥　　朱晓东　　陈　颖

　　　　　段岩霞　　刘学强

本册主编：肖敏娟

Contents

目 录

藏在树叶间的精灵

又见那抹阳光

发现世界的眼睛

心中久藏的味道

摇曳一树的碧绿

藏在树叶间的精灵

天井中的悠悠古意

杨之立

妹妹喜欢种植小花小草，暑假里她得了一包睡莲种子，自然迫不及待地种下。

我瞧着那鱼缸里散落着的十几颗开了口的种子，不禁嗤之以鼻，心想：妹妹种花是业余中的业余，哪里会开花？谁料到数天之后，有几颗种子竟然长出了纤细的小芽，嫩得似乎一碰就会断，谁也不敢轻易碰它。数天后，芽儿又长出一些，妹妹便心急火燎地把它们移植到了天井中的大陶缸里。

那睡莲长得可真快，才一周不到，细长的枝蔓便交错在一起，编织成一张绿网，颜色也不似先前那般娇嫩。网中几片叶尖儿探出头来，虽然仍是蜷缩着的，但从那一条条小缝中，我似乎能窥探到里边的欲滴翠色。几乎是一夜工夫，偌大的缸面便被圆圆的小叶挤满了，叶子都不及巴掌大，中心处有一个突起的小白点儿，由它开始，散布着放射状的脉络，一圈比一圈密。这些叶子仿佛是孪生兄弟，但又有着细微的差异，任你如何仔细地辨别，也分不出老大、老二。

叶片一天天长大，不知是谁的主意，又在陶缸中放养了两条金鱼，于是，缸中一下子热闹了起来。两抹亮丽灵动的红影，穿梭在绿叶枝蔓间，可不正是"鱼戏莲叶间"。红鱼衬青莲，青莲映红鱼，一切那么悠然、和谐。让这口饱经风霜的破缸也平添了几分残缺美。一天清晨，秋雨不请自来，豆大的雨珠落入缸中，打在密密的叶面上，惊得鱼儿四处乱窜，可怜陶缸之大，竟无鱼儿藏身之所，那景象让人既忍俊不禁，又心生恻隐。鱼儿在水中摆尾惊窜，莲叶和枝蔓随之晃动，叶上的雨珠也跟着跌宕起伏，仿佛翠盘上滑溜的玉珍珠，盈盈欲落，恰似纳兰词中的"脉脉逗菱丝，嫩水吴姬眼"。鱼儿俏红的身影亦像是在与莲叶玩耍，随枝蔓起舞。雨打在水面上的声音似是为她们伴奏，这样的场景，唯有几百年前的古人才得以享受吧！

看着那莲叶，脑中不自然地浮现出一朵自然清雅的莲，翩然浅笑，开得恰到好处。纵是氤氲水墨中，亦不改秀丽姿态，片片莲叶，晶莹含露，天然去雕饰，我多么希望早日长出一朵新莲啊！

佛曰："一花一天堂，一草一世界，一树一菩提，一土一如来，一方一净土，一笑一尘缘，一念一清静，心似莲花开……"陶缸里的青莲红鱼，给天井中添了不少悠悠古意，更使人在喧嚣的尘世中，寻得一处清净之地。

回忆在我的心湖荡漾

孙　星

时间从指缝间溜走，青春在眉宇间晕开。但总有一人，伴着回忆，在我的心湖荡漾。

烟雨蒙蒙，我独自一人打着伞漫步于小径，耳边不时传来雨水滴落的声音。望着细雨中的田野，却怎么也看不到尽头。似有一个身影向我走来，是那般熟悉却又陌生。当我努力想看清楚时，它不见了。霎时，脑海中蹦出一个画面。

"宝贝，不要跑了，小心摔跤啊，太奶奶要追不上你了。"她弯下腰，不停地喘着粗气。

"哈哈！"两声银铃般的笑声打破田野的寂静，"不要，快来呀！"我调皮地朝她做了个手势，不顾她的回答，向前跑去。

望着我欢快奔跑于田野上的身影，太奶奶无奈一笑，

"这丫头。"

不知怎的，脚下突然出现一块石头。"啊！"我大叫一声，身体向前倾去，手臂抬起，我顿时瞪大眼睛，眉毛皱起，为了防止受伤，双手本能地护住脑袋。泥花四溅。

太奶奶将我抱出泥潭，擦拭着我脸上的泥巴，急切地询问："宝贝，你没事吧？受伤了吗？哪里摔疼了……"

听着这些，我顿时玩性如草般疯长。双眼微微眯起，偷偷观察着她的神情，又害怕被发现，赶紧闭了起来。我静静躺着，为了达到预期的效果，我屏住呼吸。过了会儿，小脸憋得通红。太奶奶见我这样，急得眼泪夺眶而出。感受到面部传来的灼热，我睁开了眼。我蹲在她面前，擦着那让我愧疚的眼泪。太奶奶见我一副知道错了的样子，怒气也消了。

我的心情也由阴转晴，伸手搂着她的脖子撒娇道："太奶奶，这次你跑我追好不好嘛？"

"你呀！"她宠溺地点了点我的鼻尖，"好，不过这次要小心哦！"

"嗯！"我重重地点了点头。太奶奶三步一回头地向前跑去，还没几步，就被我一下抓住。我扬起天真的脸，满满都是自豪，"我抓到啦！嘻嘻……"

太奶奶宠爱地抚摸着我的头顶，我也宛如小猫，蹭了蹭她的手，感受那份温暖。"嗯，太奶奶一直都会陪你。走吧，天晚了，再不回去你太爷爷要担心了。"

夕阳西下，最后一滴雨也落地了，一个老人牵着小女孩儿回家的身影被无限拉长，逐渐模糊，直至消失在似火的晚霞中。

周围静得出奇，"滴答"不知是雨还是泪。我迫切地伸出手想抓住那个转瞬即逝的影子，指尖却只是触摸到冰冷的空气。太奶奶，你在哪里？为什么不等我长大？你那炽热的承诺已变得冰凉。

太奶奶，你在那个神秘的国度过得好吗？我想你了，就让微风带走我的思念吧。

无论时间怎么流逝，不管风景怎样变换，总有一人，在我的心湖中漾起层层回忆的浪花。雨，停了。

你看，那里有月亮

张雯萱

　　若给你一道现实与梦境的选择题，你会选择哪个？是继续向你的人生目标努力，还是沉睡在久远的回忆与虚幻的梦境中……

——题记

　　这是国庆第二天早晨，回故乡的路上。

　　"妈妈你看，那里有月亮！"五岁的妹妹用稚嫩的小手指贴在窗户上，然后扭着圆圆的小脑袋，眨着清亮的眸子，甜甜的嗓音甚是好听。"嗯，月亮。"妈妈原先抱着妹妹的手在她的头上摸了摸，露出暖暖的笑。月亮？现在已是早晨七八点钟了，太阳照射在车里，一束一束的，哪儿来的月亮？"月亮还没落下呢。"这是妈妈的解答。我有些不信，只努努嘴，看向前方的车窗。

"妈妈你看，那里又有月亮了！"稚嫩的声音再次响起，夹杂着欣喜与疑惑。我终于耐不住想一探究竟的好奇心，把头从车的一侧探到另一侧去，只粗略地望了望，"哪里有月亮啊？"声音中尽是疑惑与被欺骗的不满。"喏，就在那里。"妈妈朝车窗外努努嘴，我也顺着望去。哦，还真有！月亮半明半昧，看不分明，只淡淡的，其中夹杂着一点一点的白色。或许由于并不明亮，月亮几乎都要与蓝天融为一体，但是如果细看，还是能分辨得出来的。

"姐姐，月亮在那里！可好看了！""嗯。"我点点头，不时地朝月亮看看，唇边勾起一抹弧度，似是赞叹月亮的美丽，又似是表达心情的愉悦。"唉，月亮怎么跟着我们走呀？"妹妹站起来转了一圈，很是好奇地发问。我愣了一下，勾起幼年那模糊的记忆——我小的时候，也曾这样地问过啊。一时间我直愣愣地盯着太阳彼端的月亮出神。

记得很久前，也遇见过一次日月并存的景象。那时正值黄昏，放学无人来接，我便仰着头看天上的东西：云、日、月，挺稀奇的。云一大片一大片的，合在一起像个大飞机似的，随风变换；太阳还很刺眼，夺目的光从松树的缝中钻出来，直照得身上冒汗；此时月亮却已高高地挂到了空中，虽不至太阳般明亮，但也能让人注意到它。在我的视野中，云就在我头顶，非要仰得脖子泛酸才看得明了。若是以松树为标准，那么太阳就在它左面，而月亮就在它后面了，直看得我越发惊奇。

同样的情况再也没有发生过第三次，不知是不是因为待在外面的时候太少，还是就算外出也用不上那一双"善于发现美"的眼睛？

恍然回了神，耳边却传来轻轻的呼声。"睡着了啊。"我轻叹，想要再看一眼月亮，环顾四周，却不见半点儿踪影，面对妈妈疑惑的目光，却不知该说些什么，从何答起。也是，从前毕竟是从前了，最好的想象力与乐趣也只存于童年了，何必要太过依恋？

若给我一道选择题，面对现实与梦幻的抉择，我还是选择现实。就让我把那一轮月、一份趣定格在梦境中吧，成为永久的回忆。

那月哟……

晒出我的颠簸三轮

方 欣

　　我的幼年是在外婆家度过的。转眼间，充满着欢声笑语的幼年时光就过去了，但承载着我幸福童年的三轮车却还留在外婆家。

　　小时候，我和表哥都是乘外婆的三轮车上幼儿园的。记忆中外婆的三轮车：斑斑驳驳的几块蓝色漆点缀在车架上，一部分铁皮早已生锈，变成了土黄色。前面的坐垫已经裂开了个大口子，黄色的海绵露了出来。三轮车的刹车很老旧，具体怎么样，也记不清了，只记住了那清脆悦耳的车铃声。

　　三轮车上总会放着两张小木凳。木头的椅面上又加了一层海绵。为了装饰，外婆在上面覆了一层蓝色的布料并用红线里三层外三层地扎紧了，在破旧的三轮车上显得很突出。外婆将我们兄妹俩一一抱上车，小木凳上软绵的材质坐着十分舒服。临行之前，外婆总是不放心地回头嘱咐上一句："孩子们，坐稳咯！小心掉下去。"说话时一边看着我们，一边慢慢向前骑去。坐在三轮车上，看着两旁的树木一排排往后，年幼的我们便会兴奋不已，但每当我们想站起来观赏之时，外婆的那一句"不要站起来，小心掉下去"就会及时出现在我们耳边，按住了我们要起来的身子。上学的路坑坑洼洼，三轮车的轮子时不时陷入坑中，车子上下左右一颠一颠的，不时可听见金属碰撞的声音。要拐弯时，奶奶总会说："孩子们，抓好杆子，要转弯了！"这时的我们总会乖乖地抓牢。三轮车的"丁零"声每天准时地出现在我上学放学的路上，也成了我童年记忆中最美妙的声音。

还记得一天放学早，我和表哥便绕到学校后面去抓西瓜虫。不知不觉，天色渐渐暗下来，可正在兴头上的我们却没注意这么多。等我们发觉不对时，路灯也亮了起来。看着周围陌生的楼房，我们害怕起来，只能跟着感觉走。因为我年纪小，害怕得要哭，眼泪在眼眶里打转。忽然"丁零、丁零"一阵清脆而又熟悉的铃声在我的耳边响起，外婆的呼喊声远远地向我们传来，不一会儿，就看见路灯下那个熟悉的身影，外婆正朝着我们俩的方向骑来。借着灯光，我清清楚楚地看到了外婆脸上那焦急的神色。我和表哥立刻跑了过去，而我也情不自禁地大哭起来。后来，外婆一边背着安慰我，一边带着表哥走向那三轮车。

细心的外婆还从车上拿下来了蛋糕和牛奶。我和表哥坐在车上，吃着外婆买的东西，感到格外安心。只要有外婆在，她的三轮车一定会把我们安全地带回家。

这辆三轮车实在带给了我们太多的欢喜和感动，外婆骑着她的三轮车，陪我们去过公园，进过菜市场，走过幼儿园的时光，到过所有我们想去的地方。外婆的三轮车是我们童年不可缺少的一道风景，它承载了我童年的快乐，更承载了外婆对我们浓浓的爱。

老屋的葡萄架

朱梦丹

今年暑假，我回老屋去看望奶奶。老屋被奶奶打扫得很干净，连那老屋旁的葡萄藤，也依旧那样苍翠，那样茂盛。我站在葡萄架下面，阳光不时从叶缝中溜进来，随着叶子间摩擦的"沙沙"声，我渐渐坠入了回忆的旋涡……

我的童年都是在这儿度过的。每逢夏夜，爷爷就抱着我在葡萄架下乘凉。夏天的夜晚是惬意的，也是欢乐的。听着蝉鸣，吃着葡萄，整个人都放松了下来。幼时的我，总是对身边的一切都充满好奇，想观察一切新鲜的事物。看到头顶上那一串串绿色的葡萄，便想拿下来玩。

可我又是个挑剔的孩子，不要爷爷摘的葡萄。爷爷总是拗不过我，用他那粗糙又宽厚的手掌抱起我，让我自己摘。每当爷爷抱起我时，我就会大声地怪叫。看着眼前一粒粒葡萄，心里很是喜爱。有的大，有的小，大大小小的葡萄长在同一株上，显得可爱极了。月光洒下来，有的葡萄就变成了珍珠。

我也摇身一变，变成了一个指挥师，"指导"着爷爷往左往右走，再往前一点儿。爷爷也总是笑眯眯地看着我，乖乖地听从指挥。我也不一串一串地摘，而是一粒一粒地采。有时候还故意"掉"下一粒，有时候偷偷拿一粒放进爷爷的嘴里，然后又大笑起来。我笑，爷爷也跟着笑，葡萄架下留下了我们祖孙俩欢快的笑声。

渐渐地，爷爷变得不再那么高大，那么精神。取而代之的是一声声痛苦的呻吟，一次次去医院瘦弱的背影。那时的我还不懂什么是死亡。

爷爷还是离开了我。

那年秋天，老屋里哭声不断，葡萄叶也落了，我再也看不见爷爷的笑脸，再也听不见爷爷爽朗的笑声。现在，我站在葡萄架下，回忆起爷爷和我的点点滴滴，嘴角扬起了微笑。

是的，爷爷是走了，但是老屋不会变，葡萄架也不会变。待到明年，又会葡萄飘香，这片土地会承载着我的思念继续存在，我会带着这份思念继续生活……

桂 花 树

余 敏

　　秋天到了，我家门前的桂花树开出了无数细小的黄花，散发着阵阵香气，不禁让人浮想联翩。

　　一天放学回家，远远的，就闻到了一股香味，这香味不浓也不淡，刚好溢满了我的鼻腔。我顺着香味望去，我家门前的桂花树开了！满树碧绿的叶子间无数朵金黄色的小花争先恐后地朝前挤，却又不敢大大方方地把全身露出来，好像只是探头在瞧这个世界是什么样子的，对小小的桂花来说，这个世界陌生又新奇。看到这儿，我想到了刚入校园的自己，那么童真和美好，对学校里的一切新鲜事物都感到好奇，想去探知，却又因胆小怕错而缩回了好奇的小脑袋。那时的自己不就像现在初生的桂花吗？

　　我不禁走近了些，想仔细看看它：初生的小花就像婴儿的笑脸，小小的、嫩嫩的，让人不敢去触碰，生怕一不小心就会把它捏碎。可我又忍不住地摘了几朵，捧在手心里，凑到脸颊旁，轻轻地贴上去。顿时，我的心融化了，沉浸在了这美妙的触感里，凉丝丝、软绵绵的，舒服极了！这时，我仿佛看到了自己正在上课，目光追随着老师。好像别人已经不关我的事了，我忘记了学校，忘记了全世界，唯独没忘老师和自己，我没有半分杂念，认真吸收着老师教授的知识，静静地等待有一天绽放光芒。

享受够了，才把小花移到眼下，更仔细欣赏：这花开得很彻底，四片花瓣努力地向外伸展，就像芭蕾舞者舒展着身姿，摆出令人陶醉的姿势，安静地散发着淡淡的香气，一切都是那么的静谧、美好！它好像在证明自己，尽情地释放自身的完美，给人一种震撼力！

这就是我家的桂花树！我，就像树上的桂花，都有自己的人生画卷，都在努力地为自己添上不同的亮丽色彩，让自己的人生更加多姿多彩！

生命的奇迹

许天琦

从我出生的那一天起，它就已经在院子里了。

它的枝干虽然干枯，可叶子却出奇地繁茂；它的体型不大，但果子却多得挂满枝头；我们没有经常给它施肥，但它结出的葡萄甜而不腻。

因此，我们都很喜欢它。

有一年，它发生了变化。

由于感染了病毒，它的身体一天比一天差。它的枝干开始腐朽，它的叶子开始枯萎，也不再结果实了。尽管全家人倾力挽救，但它还是倒下了，似乎完成了它的使命。爷爷叹着气把枝干砍断，但留了一截树根，算是留作纪念吧。

爷爷在它的旁边，又种下了一棵新的葡萄树。

一年过去了，新的葡萄树长出了新芽，嫩绿嫩绿的。

老树根被淘气的小狗刨了出来，爷爷把土填上，并在旁边围了栏杆，当时我还很懵懂，不明白爷爷为什么要这么做。

两年过去了，新葡萄树已经长出了一块绿荫，老树根没有太大的变化，但在它的树根截面上渗出来些许水滴。我经常去看它，看它在风雨中苍老的身躯，我望着它那饱经风霜、凹凸不平的树根，总觉得这代表着什么，却又说不出来。

三年过去了，新的葡萄树开始结果，全家人露出了久违的笑容，我始终认为它是老葡萄树生命的延续。我有时会安静地蹲在树旁看着它。

今年春天，我正在给花儿浇水，目光往旁边一瞟。天啊！我发现了什么！我不由自主地揉了揉眼睛，一抹新绿出现在老旧的树根上，内心的激动促使我快步向前，我用手轻轻抚摸着嫩绿的新叶，我嗅到了专属于这新叶的生命气息，我感受到了新叶迸发出的生命力量。

我很难想象这棵葡萄树为此付出的艰辛，它扛住了被砍去的疼痛，它经历了风吹雨打却无人关心的落寞，它忍受了新葡萄树抢走它风采……

我兴奋地把这个好消息告诉了爷爷，可是爷爷看到了这一抹新绿后只是会心一笑，并不像我有如此强烈的反应。难道爷爷早已看透了一切，难道爷爷在四年前就已经预料到了今天所发生的事情？

直到现在，我才明白四年前他帮老树围护栏的用意……

它，获得了新生。这是生命的奇迹。虽然它再也不能取代那棵为我们结葡萄的新树，但我们对它的尊敬远比新葡萄树多得多。

不久，老葡萄树开始结果了……

不错过那一方净土

钱杭宸

田垄上，沉甸甸的稻穗，随风摇曳，我曾以为，那会是永远……

外公宅子的后门外是有几块田的，外公下班后便会和外婆一块儿去田里忙活，乡村田园生活确是如此闲适惬意的，而那几块田，也确是我儿时心中的净土。

初秋，还未完全散去夏的燥热，只是偶有一丝清风拂过脸庞，掠过麦田。儿时的我，根本无心瞥一眼这深沉的金黄，整天只是不堪农村艰苦的生活，哭嚷着要回家。外公拿我没办法，只好带我去田上，他割草，我玩。

外公头顶大斗笠，我也头顶大斗笠，摇摇晃晃，好不别扭；外公卷起大裤管儿，我卷起小裤管儿；外公肩扛大锄头，我手持小铲子；外公足蹬高筒黑靴，我光着脚丫，但也像模像样地跟在后边，一大一小，一老一少……

在田埂，放眼望去是如波涛般起伏的稻谷，随之而来的便是一阵稻香。我蹲下身子，细细端详身旁的小稻，它们颗粒饱满，阳光下闪现出耀眼的光芒。沉甸甸的穗子，摇摇欲坠，让人看得不禁心里一悬，我忍不住折下一穗来，别在腰间，活似位大将军，走起路来一摇一摆，威风凛凛。

过足将军瘾，我又拔出别在腰间的稻谷，挑逗起田埂间各式各样的小精灵。嘿，逮到一只鼠妇，棒极了！其实，比起鼠妇，我更喜欢叫它的俗名：西瓜虫，不为别的，只为它在遇到危险时便会变成一个小圆球，亮亮的，把玩起来很有质感。低头继续前进，冷不防脚边跳来一个小东西，挺黏糊，定睛细视——是只小蟾蜍，我讶然失色！说实话，我不喜欢它，瞧那皮肤上密密的疙瘩，据说里边还有毒腺，有时它还会"扑哧扑哧"吐出舌头，看得我头皮发麻。踩死它，也不忍心，唉，只得三步并作两步，快点儿甩开它！有时蜻蜓也会飞到我身边，瞪着大眼睛，满怀好奇，打探我的动向，我也不嫌它烦，既然它愿意，就让它跟着呗！

日落喽，回外公家吃晚饭喽！走在乡间的小路上哟！炊烟袅袅地升起来，外公哼唱着"红歌"，扛着锄头，夕阳的余晖映在他背上，也映在我背上。缤纷的云彩是晚霞的衣裳，笑意挂在我们的脸上，我也跟着外公哼唱起来，任疲惫在晚风中散去……我是多么庆幸！我没有因高楼林立的城市而错失这乡野间的美好。那时，我以为，那种美好便是永远……

时代发展的脚步远快于外公一锄一锄耕作的节奏。儿时的那块麦田，那片净土，现在正遭受着化工厂的侵蚀，望着从排水管中喷涌而出的污水，我的心好痛，好痛……那片净土，珍藏于我心，我真的不想让它在我的眼前、心间错过……

夜游南长街

薛青怡

入冬了，穿着大衣走在街上，还会有些冷。可街上敞亮的店铺和昏黄的暖色灯光仍给这座城市带来了一抹暖意。

我站在桥上，看着徐徐驶来的小船和两岸明黄的街灯，倒映在水面上，整条河道显得格外热闹。船上挂着几盏灯笼，到访江南的游客坐在船内欣赏着这个城市的夜景。两岸一排的彩灯，倒映在水中，河道漆黑一片，更添几分神秘。

走出拥挤的人群，来到石头铺成的大道上。南长街，无锡的著名景点之一，古色古香的低矮建筑使人仿佛穿越到了旧世纪。大大的牌匾竖立在街口，似乎在引诱着人们踏入这条热闹的街道。街口的天空时而飞起几个五彩斑斓的圆环，那是吸引小孩子的新奇玩意儿。街边开了许多餐厅与各类店铺，一些卖豆腐花的、捏糖人的手艺人，或点着一支烟在路边静静等待客人，或扯着嗓门儿吆喝着招揽客人。一些贪吃的小孩儿带着好奇心非要拽着爸爸妈妈爷爷奶奶去看看，一看就被吸引得走不动了，嚷着要买。餐厅门口，每一家都挤满了人，有的在排队等号，有的翻阅着菜单，看到餐厅里人满为患，惋惜地合上了，再寻别处。

看着街上络绎不绝的人群，我把视线投向了街边的店铺招牌。突然，一家店铺别致的名字吸引了我的眼球——"猫的天空之城"。我好奇地踏入店门，跃入眼帘的是手捧书籍的人们。与店外的喧闹不同，一进店门，外头的喧嚣就被隔断了，仿佛来到另一个世界，独留一室的安宁。人们一个个坐在高脚凳上，有的人桌前还放着一杯茶或咖啡，时不时品上一口。店内装修不算豪华，却很温馨，给人一种安逸祥和的氛围。走廊上立着一排书柜，墙上也嵌着几个摆书的地方，我仿佛被这种气氛感染了，情不自禁地想要从书柜上取一本书来，点上一杯咖啡，同他们一起读书，在文字的世界里遨游……

再出店门，已过了许久，读书的时间总是过得飞快。门口原本庞大的人群此时已经稀疏许多，却也不显冷清。我同来时一样，却又同来时不一样，带着一点儿满足与收获离开……

藏在树叶间的精灵

陈心玫

每年的九月到十月，校园里总是弥漫着一股若有若无的清香。这香味时而浓郁，时而清雅，引领着人去寻找它的源头。凑近一瞧，那香味的源头可不就是那些藏在树叶间的精灵——桂花吗？

这些小精灵们的样子玲珑可爱，淡黄色的小小的五个瓣，一团团一簇簇地挨在一起，却只是静悄悄地藏在一片片苍翠的树叶中，微风将它们的呢喃传播开来——秋天到了，桂花开了。

桂花的香味总是那样让人心旷神怡，忍不住沉醉其中。当你心情不好的时候，走到桂花树下，抬起头，深吸几口桂花香，那股恰到好处的香甜便随之充满了全身，连带着心情也变得愉悦起来。再看看桂花，微风拂过，枝叶婆娑，仿佛是在对你微笑。

当然，桂花的用途也是不少。每年桂花盛开的时候，总有人采集新鲜的桂花来做桂花糖、桂花酿之类的食品。记得有一次，妈妈从超市里买回来一袋混合着旧年桂花的白砂糖。我觉得很稀奇，便一再央求妈妈在明天早上的汤圆中放这种桂花糖。

第二天早上，我终于如愿以偿地品尝到了桂花糖的滋味。混合了桂花糖的汤汁尝起来有一种清清淡淡的甜，甜而不腻，还有一丝若有若无的清香。我陶醉在这滋味中，一小碗汤竟喝了大半天。

其实桂花糖的味道总是让我想起桂花清淡的甜和若有若无的香，甚至还有一点点的苦涩。它总是那样默默无闻，羞涩地藏在树叶的后面。它没有牡丹的艳丽，没有莲花的清美，丝毫不引人注意。就是这样毫不引人注意的桂花，却总是在这个美丽的季节，默默散发着香气，默默奉献着。它从不计较得失，从来不与其他的花争艳，总是那样淡泊无争，静静地展现自己的美丽。

又到了桂花飘香的时节，我一如既往地沉醉在了桂花香里——清甜淡雅的桂花香里。

秋 悟 自 然

项　昕

趁着十一长假，走入自然，久久徘徊其中。

这只是一片小小的蠡湖边的湿地。

我们是乘车去的。下了车，秋风过处，让人猛然觉得秋意早已有了几分。我们沿着石板小路前行，这片湿地的植物有两种颜色，或绿或白，白色居多。小路两旁的芦苇近一人高，它抓住你的视线，好似要夺走你的心魂。

继续往深里走，仍是满眼缥缈如雾气蒸腾的芦苇荡。有人说，白色并不是色彩。可我一定会说"它是"。你看啊，那种白不是牛奶一样极纯极浓郁的白，也不像漂浮的白云那样透着轻浮之气。芦花的白中还隐没着一小簇的深绿，斑斑驳驳，有一种难以言喻的俊秀。它的颜色不似向日葵那般浓妆艳抹，而是透着水的灵气。一束平凡的芦苇称不上秀丽的景致，但一整片芦苇荡绝对堪称是壮观的景象。它们有着轻盈的身姿，庄重、朴素、大方地在水之湄轻轻摆荡，透出不屈的、自然的活力，有着历代文人墨客笔下所无法驾驭的灵魂。

我驻足良久，忽地，在芦苇荡靠近水面的一侧泛起一丝水声。我悄悄地走过去，轻轻拨开层层挺立的芦花，仿佛要步入一个世外桃源。

那一刻，我忽地惊住了！在芦花深处，一窝白色的小鸟正悄无声息地栖息着。是什么鸟呢？也许是白鹭，也许是别的什么鸟，颇有几分郭沫若先生笔下"增之一分则嫌长，减之一分则嫌短，素之一分则嫌白，黛之一分则嫌黑"的气质。我躲在芦苇后观察着这些白色的精灵，它们或是弯下脖颈梳理羽毛，或是抬起高傲的额头凝望远方。它们绰约的身姿在水之畔尤为显眼，一举一动都是那么典雅、端庄，它们本就是大自然孕育的最纯真、最美好的生命！

忽地，它们像是发现了什么，迎风展翅。我多么想拿起画笔，勾勒出它们倚枝顾盼一刹那的风韵，似窈窕淑女，又有着不羁的傲骨，它们是高雅而淡然的生命。它们悄然傲立，就在这静水一方。

在它们面前，一切灵魂都变得渺小。它们是不食人间烟火的精灵，它们属于广袤的天空。我只能在记忆中刻画出那一个个白色的身影，望着它们飞向天穹……

我朝更深处走着，小路上是走向生命尽头的落叶的精魂。秋风吹过，送来醉人的气息。我轻轻地走，正如我轻轻地来……

灰　尘

徐佳雯

> 我想知道，世界那么灰，是不是因为我的眼里蒙上了灰。
>
> ——题记

周五回家路上，我漫不经心地把玩着老妈的手机，无意中划开相机，便向一旁的好友发出邀请，"要不要玩自拍？"她欣然接受。尽管我们兴致勃勃地摆弄了好一会儿，可照片依然不尽人意：一片灰蒙蒙，完全看不清晰。

到了北栅口，与好友匆忙地告别，下了车，我便询问手机的主人："妈，为什么你手机像素那么低？"妈妈在寒风中打着哆嗦，有些没好气地回答："不是像素的问题，是转换镜头上有灰。"我恍然，又穷追不舍地问："那怎么办呢？"她白了我一眼，"能咋办？凉拌喽。"

我这才作罢，回家后也不再关注此事，镜头上有灰，那我就没什么办法了。

第二天清晨莫名醒来，一看表，才五点出头，太阳似乎还隐在地平线下，靠近阳台的我的卧室，依然也是一片灰暗，没有一丝光线施舍，这个封闭的小空间没有一星半点儿的阳光、朝气，似乎整个空间都只是一片灰尘组成的……灰尘，灰尘，这两个字就像魔咒一般，煽动了我心中那团名为"恐惧"的火焰。

抬头，闭眼，回忆，昨日那些不尽人意的自拍，那些总是灰蒙蒙的照片，和眼前的景象是如此相像，暗无天日。一切都是那样遥远的存在，明明近在咫尺，却又有种恍若隔世的感觉。

妈妈说那是镜头上有灰，我所看到的世界那么灰，是不是因为我的眼睛上也有灰？

那些曾经在房间的角落里堆积着的，那些曾经被我们一次次扫出去的，一次次踩踏在脚底下的，那些曾经被我那样不喜欢的，那样被我唾弃的东西，现在就在我眼睛上吗？

偶尔关注身边的东西，偶尔关心身边的人们，偶尔的偶尔，万分之一的万分之一，我所看到的却永远都是黑的、是灰的，是不被我们喜欢的啊！

我却从来都不知道，从来都不清楚，从来都不在意。

我所关心的、清楚的、在意的，那些外表光彩的、鲜亮的、让我喜爱的，谁知道它们内在是怎样的呢？原来我一直是用一双阴暗的眼睛去关注它们的啊。

当黑暗与我相伴，当我第一次用自己的眼睛去观察这个小房间时，我才发现：原来我的眼睛是有灰的。

这样的发现令我惊奇，也令我恐惧。

当太阳再次升起时，那个光怪陆离的灰暗世界又一次变得色彩斑斓起来。闭上眼睛，拭去尘埃，依稀还能看见初升明如火球的太阳。

我在窗台上遥望，尘埃中的光。

老 相 册

施 瑶

10月2日，外公外婆办寿酒。转眼间，他们七十岁了。有些难以置信，他们六十岁寿宴的情景似乎还在眼前。细细想想，十年，确实过去了，我也已经长大了。

妈妈说，把这些年的照片放在一起，做个PPT吧。外婆把老相册藏在了硬木匣子里，放在柜子的一角。听到要找照片，我兴奋极了，紧紧跟在外婆身后。外婆打开柜子，那个藏相册的匣子就在柜口，一眼就能看到。匣子没有积灰，只是原本艳丽的颜色褪去了。打开盒子，里面是两本相册。相册老了，四周的白边泛黄了。打开相册，都是黑白照，可照片里外公外婆都是一头黑发，翻到后面，才出现彩照。

有一张照片，外婆迟迟不舍得放下，那上面是外公、外婆、妈妈和阿姨。我问这是什么时候照的。外婆说这是第一张全家福。瞧瞧，照得可真好。只是，颜色褪了许多。外婆眼眶湿润了。

外公问："一起去北京照的相片呢？"外婆听了，眼睛亮了。她一下子就翻到了。她熟记着每一张照片的顺序。闲暇时，外婆一定常常翻看老相册。外公盯着这些北京旅游的照片，我也好奇地看着。那时候的外公，爬山、骑马样样在行，而如今他与拐杖结为朋友。

这些照片，已经存放了二十多年，它们对我来说是陌生的，我对它们充满了好奇。那时，还没有我和哥哥。那时，拍一张照是件不容易的事。那时，有一本相册是值得自豪的。

等到哥哥与我降临人间，一切都变了。外婆忙着带孩子，外公忙里忙外。为了多找些外公外婆的照片，我回家把小时候的照片找来，翻了八本相册，只找到了十张外公外婆露过脸的照片。照片上，他们不是抱着哇哇大哭的我，就是陪着顽皮的哥哥。蓦然，一阵难过。有了我们，外公外婆变成了照片中的配角；有了我们，他们悄悄地走出镜头，默默地看着对着镜头的我们，会心地笑。

现在，拍照成了一件极简单的事，手机、单反，甚至还有自拍神器。然而，外公外婆却很久都没有拍过照了。10月1日，我猛然醒悟，帮他们补上这个空白。外公外婆坐在小院里，我认真地拍下相片，但总觉得少了点儿什么。我叫外公搂着外婆的肩。他红着脸，乖乖地听我的

藏在树叶间的精灵

话。镜头中的他们格外幸福。时光倒流，那是杨柳下牵着手的情侣，是颐和园里相互依偎的伉俪……爱，在镜头前定格为永恒。

老相册，承载着什么？也许，只有外公外婆才明白。那是对岁月的怀念，对生活的珍视。即使不再照相，他们依然翻阅照片，温习幸福，踏踏实实地过着平平淡淡的生活。

翻开老相册，褪色的照片中，我读出了平实。

洗　礼

吕文意

　　我和同伴喜欢到那条小径打排球。那里有树荫，打球不会特别热；那里有海棠，累了坐着聊天时，也能细细欣赏一番。

　　我和同伴的球技都一般，传球的练习是无数次失败的循环，我们离"优秀"的目标还差很远。有时一个球打歪了，在一旁观球的海棠也会遭受我们的突袭，花叶掉落一些，怪可惜的。海棠树上，大多还是花苞，远没有教学楼下的玉兰开得盛。

　　楼下的白玉兰，不像雪一样白，却有如玉一般的剔透。我很喜欢这样的白，但上星期的风雨交加，使如今的白玉兰已有些枯落，依然有绽放的玉兰，却添了一些憔悴，更显得楚楚动人。有人说，玉兰花不堪一击，树枝、树干却挺拔有力。真是这样吗？任何花都是娇嫩的，受到风雨的袭击，多少都会有些受伤。但风雨后的玉兰，颜色似乎更纯洁，毫无半点儿杂质，享受阳光的温暖，昂首挺胸，不畏风雨。

小径旁的海棠，也是如此。虽然有时莫名其妙地遭受球的重击，但在这之后，它们就会明白开花、绽放最美的自己，是一件多么美好的事。

不管是风雨的肆虐，还是排球的当头一击，无疑都是一种洗礼，一种从失败走向成功的洗礼。盛开的过程，不是那么平顺，需要有磨难，需要有洗礼，只有拥有了更多的坚忍，才会越过那些必须越过的坎，渡过那些必须渡过的河。"宝剑锋从磨砺出，梅花香自苦寒来"，从肉体到心灵经受彻彻底底的洗礼后，将会迎来一个离成功近在咫尺，明白生命真谛的全新的自己。

磨难、失败也是一种洗礼，何不让它洗净你的肉体，荡涤你的心灵？

我尝到了成功的滋味

周亦豪

　　每次经过超市里的零食货架，我都会缠着爸爸买一袋白巧克力。刚付完钱就迫不及待地拆开包装，放进嘴里。这时，一股浓浓的奶香味儿就会占据我的口腔，让我不禁想起那一次，那颗白巧克力的味道。那是成功的滋味……

　　三年级，我们换了班主任，是个有些胖的女老师。俗话说，新官上任三把火。她一上台，就放了一把火——"语文银行"。这只是老师取的一个名字，其实就是要我们在课外背些诗词散文，各小组组长检查通过后再适当加分。老师说，期末时银行"存款"会算入我们的平时成绩。

　　这一把火，就像大草场的星星之火，把我们班上争强好胜的积极分子的激情全都点燃了。老师话音刚落，我就感到有个斗志昂扬的目光向我投来——那是我在班上的死对头，他知识渊博，记忆超群，班上的人称之为"才子"。我毫不客气地瞪了回去：瞪什么，成绩出来了再瞪吧。我知道这场战斗我的胜算不大，可是既然已经接下了挑战书，总不能还没开打就懦弱地放弃吧。

妈妈是个文学爱好者，家里的藏书成百上千：《古代诗词赏析》《朱自清散文选》《全唐诗》……这些都是可以转化为"语文银行"的"存款"的。于是，从那天开始，我的书包里总会塞一本书，无论吃饭还是睡觉，满脑子都是李白的诗、苏轼的词、鲁迅的散文。从醉翁亭到百草园，从世外桃源到月下荷塘，从床前的明月光到呼兰河边的祖父家……我第一次对文学阅读产生了兴趣，我的作文水平也和"语文银行"的"存款"一样突飞猛进。

当然，"才子"也一样。他怎么肯让我夺走他的第一？每节下课都往组长那儿跑，张口闭口就是杜甫、巴金、郭沫若，把组长吓得一愣一愣的。班上别的同学已经厌烦了天天背那些乏味的诗词的日子，只剩下我和"才子"还在奋战。就算他有过目不忘的本领我也不能认输。已经坚持到这儿了，那就一定要咬牙走到底。

一个月过去了，老师统计了所有人的"存款"。我早已经默默算好了自己的积分，可是无论我怎么死缠烂打，他们组长也不告诉我"才子"的积分。老师公布之前，我感觉心脏激动得就快要跳出来了。结果终于揭晓了：我以三分的优势险胜"才子"。并在全班羡慕的眼光中接过了我的奖励——一块白巧克力。

其实在那之前，我对那甜腻的味道并不是很喜欢。可是这一颗，我却保留了几个星期没舍得吃。最后，实在是忍不住吃了下去，那味道我至今还记忆犹新：甜甜的，是一股诱人的奶香，像丝绸一般柔滑。这就是成功的滋味，令人着迷。

从那之后，我便爱上了白巧克力。尽管那种味道并不是每次都能尝到，可是，只要一次，就足以让我铭记终身。

也许那次我的成功在别人眼里不值一提，可在我眼里它却意义非凡。成功的滋味，是诱人的。看似遥远，但只要拥有"勤奋"这块踏脚石，它便近在咫尺。

感谢那轮明月

盛通通

明月高挂，洒落了一地的思念。

正值夏夜，我与妈妈坐在院子里赏月，明月的清辉轻轻地洒在地上。

"妈妈，月亮好漂亮啊！"我惊呼，带着点儿撒娇的意味。

妈妈微笑着点了点头，对我说："我以前也和你外婆一起，像这样看月亮，可惜，不久后她就去世了，那时，我才十岁。"那笑中藏着掩饰不住的哀伤。

"那后来呢？"我低声问。

"后来啊，我长大了，有了你，但是从小缺少母爱的我，害怕你和我承担一样的痛苦。通通，你说，我给你的爱，够不够？"这时，一片乌云遮住了月亮，大地为之一暗。

我心中的什么地方也为之一滞，从我小时起，母亲就特别疼爱我，甚至狠不下心来强迫我做任何一件我不想做的事，我生病，她比我更焦急……原来，这爱汇聚着两代人的情感！

　　"嗯，很够，很够。"我站起身，走向母亲，轻轻地抱着她。她也抱着我，紧紧地，可又是那么小心，生怕我如瓷娃娃般碎裂。

　　"妈妈，我爱你。"明月又从乌云中调皮地探出了头，最终，风儿轻轻一吹，月光，重新洒落大地；银辉，重新在浓浓的爱中闪亮。

　　妈妈，我会给你，更多的爱……我在心中默默地想，这不同于誓言，这比誓言更坚固，这是女儿对妈妈一生的承诺。蓦然，我的心海上空，也仿佛出现了一轮明月，它的光，是爱凝聚的，是我与妈妈血浓于水的亲情凝聚的。这皎洁的月光，永远不会被乌云所遮掩。

　　妈妈看向我的眼光越发柔和，泪光闪动中，含着深深的疼爱。我细细地端详着我的母亲，她不像许多小说中描写的母亲那样苍老，她依旧富有活力，年轻、漂亮，可她付出了比那些母亲更多的心血，她是我的唯一，任何理由都不能阻止我对她的爱，亦是，她对我的爱。

　　天空中，明月渐渐隐去，取而代之的，是一缕霞光。天上月亮已然隐去身形，可我心中的那轮明月，却永远不会消散。爱，是永恒；它，亦是永恒。

感谢，心中的那轮明月；感谢，血浓于水的依恋。它让我明白，爱的真谛，并非轰轰烈烈，而贵在如花的清香般久久不散。

明月高挂，依旧洒下清辉，凝聚了深深的爱恋……

又见那抹阳光

关爱一片夕阳

肖天行

我独自静静地走在黄昏的大街上，欣赏着这似血的残阳。

夕阳的光芒洒在大地上，散发着一种难以琢磨的美丽。也许，这是一种忧伤的美，一种凄凉的美。

傍晚时分的街道十分热闹，夕阳的光辉铺洒在每一个行人的脸上，我安静地坐在街边的石凳上，风儿吹拂着我的脸庞，我惬意地享受着风的抚摸，感受着夕阳的美。

坐在路边的石凳上，我拧开饮料瓶盖，喝了一口，淡淡的薄荷味沁入心脾。不经意间，我注意到离我不远处站着一位老婆婆，或许她也是在欣赏这黄昏美景吧。

二十分钟过去了，那老人还没有离开的意思，还不时转头看看我。良久，她好像鼓足了勇气，慢慢地走到我身边，嘴唇嗫嚅着，欲言又止。"老婆婆，有什么要我帮忙吗？""你……你能不能……把那个饮料瓶给我？"老婆婆指着我手中正把玩着的空空的瓶子，支支吾吾地表达清了意思，卑微地垂着头。直至此时，我才发现她身后的袋子里装满了各种空瓶子。

我打量着这位老婆婆，这是一张怎样的脸啊，岁月在她脸上刻下了一道道痕迹；干涸的眼底透露出我从来没有见过的无奈与沧桑；稀疏的白发，是无情的岁月染成的；弯曲的脊背，是生活的艰辛压驼的。她站在夕阳下，如同一棵摇摇欲坠的老树，倾诉着无尽的悲凉……

她竟然为了区区一个饮料瓶等了二十分钟，我不敢想象，也不愿多想。我一句话也没说，把瓶子塞给了她，便匆匆离开了。我怕我同情的眼神，或是任何一句言语会不小心伤了她的自尊。

走了几步，我不由自主回头望向老婆婆，夕阳下，她正俯身从垃圾箱里掏出一个易拉罐，脸上带着满足的笑意，把易拉罐放在地上，"啪"地踩扁，塞入袋子。我想那一声"啪"在她听来是无比美妙的声音。此刻，老婆婆身后那轮夕阳的余晖越发浑厚深沉，它缓缓走向高楼的背后，无声无息地消失了。

望着身边行色匆匆的人们，望着那一张张或年轻，或美丽，或天真，或幸福的脸，老婆婆那饱经风霜的面庞，那佝偻的背，不时在我眼前晃动。对这个年龄的老人来说，最最渴望的是能安度晚年，享受天伦之乐。然而有多

又见那抹阳光

少像老婆婆那样的老人，承受着巨大的压力，在这个城市中卑微地生活着。

　　用我们的真情和爱心，去关爱一片夕阳，温暖一个黄昏吧。

忍不住回头

何　叶

从前，每次离别，我总是说完客套话便转身离开，从不回头，潇洒至极。可那一次，我却忍不住回头。

那天是我们离开老家的日子，全家起了一个大早。想着终于能离开这个偏僻落后的地方了，我心中不免有些高兴，还催促着正和爷爷谈话的爸爸妈妈赶快上车。

终于出发了，我心中却不如想象中的那么舒坦。我坐在车上，耳边是爷爷为我们送行放的鞭炮声。爷爷还站在那儿吗？还是回去了？这次回去多久才能回来看他？一年？两年？还是更久……万千思绪此时一个个蹿了出来，我的呼吸开始加快，我要多久才能听到爷爷爽朗的笑声，要多久才能看到他慈祥的笑脸，握住他布满厚茧，粗糙却温暖的手掌？往日的时光浮上脑海，我怕走夜路，爷爷便背着我走过小巷；我想吃糖，不管多冷、多热，他都会到街上找我想吃的那一种；我生病，他便会用尽各种办法让我好过一点儿……他总是无怨无悔地为我做任何事，他是那么爱我！一个念头在我脑中疯长：回头！哪怕是多看一眼，趁还未走远。

我最终克制不住，回头透过玻璃窗寻找他的身影。在那儿，一位单薄消瘦的老人站在鞭炮屑旁一动不动。风吹乱了他花白的头发，他的衣角在风中摇曳，更显单薄。他的目光一直在追随着我们，然后碰上了我的目光。原来目光里可以包含这样多、这样深的情感。不舍、悲伤与爱像一根根不断的丝线，一缕缕不散的烟，从他的眼睛里延伸到我心里。这一缕轻烟只是轻轻地飘入我的心里，便迅速引起了我的共鸣。无尽的不舍与想念在此刻决堤，它们淹没了我的心，让我的心感到一阵窒息与疼痛，它们又继续上涨，直到填满了我的整个身躯，从我的眼眶溢出。

我咬着嘴唇，任由滚烫的泪流过我的脸颊，任由"不舍"在我体内叫嚣，任由爷爷的爱将我紧紧包裹……

我保持回头的姿势，看着爷爷的身影逐渐变小，最终变作一个点儿，消失在路的尽头……

中秋的味儿

朱庭瑜

过年时，家家户户放鞭炮、吃团圆饭、拜年，年味儿十足。当然中秋节也有属于它的独特味儿。

农历八九月份，是丹桂飘香的季节，一株株桂花树散发着浓郁的馨香，米黄色的小花，小巧玲珑，藏匿于墨绿色的叶片中。清晨，桂花树沐浴在阳光下，整株树闪闪发亮，好似镀了一层光圈。雨后，桂花树的叶子被冲洗得一尘不染，就像打了一层蜡，光鲜亮丽。傍晚，夕阳映红了半边天空，孩子们纷纷在桂花树下嬉戏打闹，花朵纷纷落下，香味越飘越远，诗曰："何须浅碧深红色，自是花中第一流。"真是名不虚传。这桂花香便是中秋节所有味儿中的主旋律。

桂花不仅香飘十里，亦可做一种辅佐料放入中秋节必吃的一种点心——糖芋头中。糖芋头呈暗红色，汤汁很稠，芋头很糯，再配上清香的桂花，闻起来就让人食欲大增，它就像一件艺术品，让人舍不得吃，但吃起来却又回味无穷。

月饼也是中秋节必不可少的食品之一。圆圆的月饼本身就带着美好的祝愿，早在几千年前，人们就有了这个传统。而如今，月饼的品种也多得数不胜数，早就让人挑花了眼，但只要一家人坐在一起，无论怎样的月饼，吃出的都是幸福的味儿。

到了八月十五，空气中都弥漫着炒菜的油腻味儿，这味儿不同于往日，这里面包含着浓浓的喜悦、幸福之情。一家人围坐在桌前，聊着家长里短，互相送着祝福，屋子中是浓得化不开的温馨。不知是谁家放的烟花，附近的人家，急忙推开窗子，捂着耳朵，看绚丽的烟花在空中绽放，清风带着未消散的烟花味儿袭来，喜悦的气氛被推向了高潮……

这就是中秋的味儿，不同于年味儿的热闹，也不同于七夕的浪漫，它平淡中包含着喜悦，祥和中包含着幸福，是人间最美的味儿。

中秋麦饼情

戴雨杭

　　风掠过树梢，穿过白墙黑瓦的小屋，把岁月的气息，捎到远方。一片焦黄的树叶，悄悄钻进风的发丝，随它一起远航。

　　又是一年枯叶飞舞，又是一年丹桂飘香，又是一年思愁中秋。信息化的时代，让即使远在天涯的人们也能近在咫尺般交谈；应有尽有的超市让人们即使自己不动手下厨，也能吃上美味的月饼。过中秋，现在已不必团聚，也不必费心思去做月饼。现代社会给了我们方便快捷，可我却总觉得，这样的中秋，少了些什么。

　　走下楼，外祖母已经在和面了。一问，方知今天要做麦饼。她那双饱经风霜的手在白底青花的瓷盆里，不断地揉搓着浅黄色的面团。母亲告诉我，那颜色是在粉里渗了些许油的缘故，这样揉搓不易粘手。我静静地看着外祖母和面，蓦然觉得，她似乎把某种东西也一同揉入了面团，感觉是那么熟悉，那么诗意，却无法形容。

浅黄的面团在青花瓷盆里翻腾了许久，终于平静下来。那双被岁月打磨得黝黑的手，还是粘上了些许面粉，像是面粉怜爱地给它戴上一副丝薄手套。这双手把面团的一头揉细，恰到好处地一掐，便掉下一个一个小面团。母亲洗净双手，拿过一个，在手里一转，还没看清楚，面团已经变成了一只小巧的"碗"。她一手托着碗，一手拿起勺子往小碗中装馅。小巧的碗，小巧的勺子，再配上母亲的一双巧手，精巧的麦饼便有了雏形。调皮的弟弟也乖巧起来，学着包馅。

父亲从厨房里出来，手中却拿了一只空酒瓶。他接过母亲手里的面团，粘了些许生粉，放在桌子中央。一抬头，他的视线碰见了我疑惑的目光，他笑了笑，把酒瓶横握在手里，压在面团上来回滚动。我懂了，这是用空酒瓶代替擀面杖滚饼呢！父亲用酒瓶滚压了几下，把面饼转一转，再滚几下，接着把面饼翻个面，再滚压……不断地滚压，不断地转动，不断地翻面，直到面饼变得又薄又圆。父亲这才轻轻把饼托在手中，贴在铁锅上，然后接着滚压下一个。

我也想来试试，便抢过父亲手里的酒瓶，嚷道："我来，我也会！"

父亲就笑着站到一边。我学着父亲的样子，把面团放好，横握着酒瓶不断滚压，面团的两端随着滚压不时向前延伸。我不由得有些得意。父亲却走过来，说："你不该只沿一个方向滚压，这饼呈椭圆了……"他边说边拿过瓶子，做着示范，"把面团转一下，再滚压；滚压一圈后，要及时翻面，否则两面会厚薄不均的……来，你再来试试！"说着，把瓶子递给我。

我接过瓶子，老老实实按父亲说的滚压几下，转一转，再滚压，面饼果然圆整起来。可我刚把瓶子滚回来，瓶子却把面饼也卷了起来。我一瞧，原来面饼上没了生粉！我赶忙撒些生粉在饼上，继续滚压，果然不粘。我见这一面滚压得差不多了，就把面饼翻个面，再滚压。面饼渐渐薄了，大了，却不圆。父亲提醒说："右手边滚压几下。"我听了，用力朝那边一滚，哎呀，用力过猛，那边面团朝外一延，反而突出一角——这饼越发不圆了！父亲笑了："没事，下回注意就是了！"说着，托起面饼，进厨房烙饼了。

我拿过桌上的一个面团，准备继续滚压，却惊讶地发现，它在阳光下折射出金属样的光泽。母亲见了，乐了，"你外婆做的，精致吧？"

外婆也笑了，缓缓说道："这东西抹上了油，可滑了！这不，用心地多揉几下，就成那样啦！"此时，一缕阳光透过窗户射进来，把外婆瘦小的轮廓勾勒得格外清晰，格外动人。

又见那抹阳光

　　我看着手心里的面团，想：这是外婆用心揉的，我也得用心滚压才是！于是，我用心滚压起来：粘些生粉，滚压几下；旋转，再滚压几下；翻面，再滚压……渐渐地，面饼薄了，大了，圆了！父亲见了，夸道："不错！这个饼滚得好！手艺大有长进，大可以取我而代之了！"我却不好意思地笑了。

　　之后，我越做越熟练，效率也越来越高。当我咬下自己擀的第一只麦饼的第一口时，我终于明白了当时"做麦饼"这三个字所蕴藏的力量——它是祖先流传下来的习俗，它拥有着几千年历史磅礴的力量，拥有着华夏民族特有的人文内涵！

又见那抹阳光

汪予暄

又是一个阳光明媚的日子，时值冬日，虽有些许寒冷，却仍能感到暖暖的阳光。隔壁杨婆婆又在弯腰低头拣菜，这些菜可是她到处在空地上"垦荒"来的，每天早晨和傍晚杨婆婆都会把拣好的菜拎到菜场里去卖，换钱来支撑起她的家。

杨婆婆为人凶悍，我经常听到她与左邻右舍在吵架，她老是怀疑别人偷她的菜，所以她要指桑骂槐，她还把垃圾扔在别人家门口……渐渐地所有人都讨厌她，敌视她，远离她……我从未和她讲过话，看着她凶神恶煞的眼神，都会令我毛骨悚然，所以每次在路上遇见，我都会低着头走路。

那是夏季的一个午后，刚才还烈日当空，没过一会儿却乌云密布了。我匆匆跑回家，开门时无意间瞥见杨婆婆晒的菜还没收，而她好像不在家。我也没有多想，躲雨要紧，于是赶紧跑进家门。可是我的心突然不安起来，眼看着就要倾盆大雨，一下子好像舍不得那些菜了。我不由自主地冲出去，在点点小雨中抢回了菜。我在家门口一直留意着杨婆婆的身影，以便在她咆哮之前可完好无损地归还。当杨婆婆从我手中接过菜时，她是满脸的惊讶，不知所措，继而脸上闪过一丝我从未见过的笑意，临走时还不忘低低地对我说了声"谢谢"。我简直不敢相信眼前的一幕。一个这样孤僻的人，我竟能因为这样一件小事而轻易换来她的微笑。

隔了几天，杨婆婆竟然到我家来了，她一改往日的凶悍，笑眯眯地对我说："妹儿，这是自家田里种的瓜，甜着呢，拿个去尝尝吧。"说着双手递过来一个白白净净的瓜，我无法拒绝地伸手去接时，却摸到了一双满是老茧的苍老的手。这是一双饱经风霜的手，黑黝黝的皮肤上到处咧着红红的口子，青筋爬满了手背，手掌心里都起满了老茧。她的指甲都残缺不全了。花白的发絮在风中乱舞。常年的劳作使她的背也驼了，五十出头的妇人看起来却像步入七十的老人。看着她转身离去时踩得沉重的步伐，我的心也沉重起来，空气也凝固了……

我的心灵猛烈地震撼着，我忽然同情起她来，我觉得她是那么可怜、孤独。我终究不清楚她的经历，她的家事，只看到她每天和一个孙子为伴，努力生存着。

我决定要与她为友，走进她的世界，分享她的孤苦与无助，同时也改变她的陋习，改变她的生活方式和对人的态度，让她感受到人间的温暖，我要轻轻推开她那扇紧闭的门。

　　第二天放学回家，见到她，我由衷地喊了她一声"阿婆"。婆婆惊愕极了，不知所措地看着我，我又朝她挥了挥手，又大声地喊了声"阿婆"。婆婆忽然眼中满是泪，她蹲下，最后竟呜呜哭起来。我吓坏了，连忙将她扶起，没想到一声普普通通的"阿婆"竟能引起这位老人这么强烈的感触！我越发同情起她来。

　　我坚持天天喊她，也经常陪她说说话，她脸上的笑容也渐渐多起来了，话也多了，开始与我畅谈。在与她的交流中，我渐渐了解到了她凄惨的身世：多年前她的丈夫先她而去了，她迫于生计扛起了整个家，却疏忽了对儿子的教育，儿子后来走上了一条不归路，媳妇也走了，留下一个孙子。她又得重新扛起整个家。她告诉我，怕别人欺负她祖孙俩，她只得硬着头皮凶出来，这样别人就不敢惹他们了……听罢，我的心像刀绞似的痛，我紧紧地握住她的手，轻轻地说："婆婆，相信我，相信大家都会帮你的……"

　　从此婆婆再也没有大骂过别人，乱扔过垃圾。她也试着和邻居们讲话，有时也会把自己视如"命根子"的菜分点儿给邻居，当然邻居们更是给了她无尽的关心，还帮她

又见那抹阳光

照顾小孙子。现在杨婆婆越来越开朗了，楼道里不时传来她爽朗的笑声。

有次在她家又谈起婆婆的家事时，我当面可怜起她来，没想到婆婆却一笑而过，挥挥手说："都过去了，都过去了，我只想好好把孙子抚养成人，希望他有出息。"说着，她轻轻抚摸着小孙子的头，脸上满面笑容。

走出我家时已是夕阳西下，余晖下俩人一高一低的身影令人特别地感动，坚强、乐观、天真写在了他们的脸上。

猫，改变了我的生活

徐沁渊

我爱猫，爱它轻巧的身段、幽邃的双眸、妩媚的翘尾，爱它的独立、野性与自由。

我很早就想养只猫了，因为吃饭、做作业、休息、洗澡、睡觉——这种烦闷的生活早已占据了我的生活。

一次听到母亲的文件纸箱里传出了几声柔弱的"喵喵"，循声过去——惊奇！是只小猫。黝黑的皮毛染上了世界的尘埃，眼睛却仍然透彻，闪着星星点点的光，粉红的鼻子都快嫩出水来了，一张一合的小嘴透着丝丝奶气。一番犹豫后还是决定养它，没想到，这小小的决定，颠覆了我的小世界，也改变了我的生活。

它渐渐地长大了，体型一圈圈地扩增，它也慢慢露出了本性。是的，它好自由，属于猫的野性、大胆与日俱增。经常，它会跳上玻璃桌，隔着窗户对外"喵喵"叫个不停。是因为厌倦了牢笼似的生活了吗？有股力量撞击着我的心房，让我隐隐作痛。

于是，我决定带它下去玩一趟。

刚刚到一楼，它便迫不及待地挣脱出我的怀抱，纵身一跃，跳上青草地。它欢快地在地上打滚，在得意地黏了一身泥巴和青草液后，高傲地抬起它的小脑袋，对天长长"喵——"了一声。琥珀色的眸里满是幸福、自在。黑色妩媚的身影在继续跳动、打滚，它完完全全沉浸在自己的世界里。

似乎有一股强大的力把我吸了过去，我情不自禁地慢慢走向它，轻轻躺在青草地中。微风拂过，青草调皮地搔着我的脸颊，一丝沁人心脾的青草味儿钻入鼻子，淌遍全身。我也学着猫咪在地上打滚，在翻身的那一刻，我的身体舒展到难以言表。人字形地背对大地，感受着大地的心跳，那心跳是炽热的，前所未有的舒畅，扫尽了一切格式化的烦恼。天地之间只剩下我和猫咪，那是多么自由、快乐。

"喵喵"叫了一阵子，不知什么时候，它又从草丛中慢悠悠地钻了出来，迈着优雅的小碎步，一颠一颠向我跑来。

它优雅的碎步是风筝线，牵引我寻找蓝天后的另一番世外桃源；它尽兴的打滚是剪刀，解救了格式化乱麻中的我。猫，带来的不光是快乐、充实，它还改变了我的生活。就这样，我渐渐恋上了猫的野性与自由，渐渐融入了大自然，渐渐投入了和它一起尽兴打滚的时光⋯⋯

　　猫，在无影无声中，探开了我的心窗，改变了我的生活。

老　屋

蒋楠楠

　　远远地，我便望见你了，那座老屋。袅袅炊烟中，灰墙黑瓦的你，掩映在枯枝乱叶间。

　　应该是晌午时分了吧。瞧啊，家家户户，阵阵炊烟升起来了。一丝一缕，向上升腾着，缥缈得仿佛雾一般。偶尔，一阵轻风徐来，竖直的炊烟，随着风势，变换自由，老屋，你便在炊烟中，若隐若现着。然而，你熏黑的烟囱却再也升腾不出那回家的味道。

　　老屋，你还好吗？我的心声穿过树林，带过小河，划过房屋，在寂静的村庄中，荡漾着。离别你已几年了，不知你是否还好。我不禁加快了脚步。

　　近了，近了。沿着铺满枯黄落叶的小道走着，不知不觉间，我已来到了你的身旁。

　　老屋，你还是没有变，还是我童年时期离开时的那个模样。斜斜的屋顶上，铺着一块块黑乎乎的瓦片。瓦檐上，甚至还挂起了一根根、一串串晶莹剔透的冰凌，滴答滴答地往下滴着水滴。屋檐下，那只黑白相间的燕子窝还在，窝还是圆滚滚的，泥土的颜色，裂着几条缝儿。只是窝内凌乱不堪，干枯的稻草，被风吹起，黏附在窝边，飘落到地上。或许，那只鸟也像我一样，走了吧。一块块方方正正的砖，青灰色的，叠在一起，支撑起这个家。唯砖上一条条细痕，记录着你年岁的久远。那熏黑的水泥烟囱，让人觉得依旧是那样温暖。屋外，杂草丛生，一片枯黄，你就像一位饱经风霜的老人，躲在荒芜中，瑟瑟发抖。

　　我转过身去，径直走到了你门前。门，木门，土黄的木门，依旧是童年时的样子。门上的春联，早已在风雨的洗刷下，变了模样，不再红艳艳，不再喜庆，而是泛着白光。你门上那一把锁吸引了我。那是一把铁制成的锁，厚实的身体，锈迹斑斑，仍在门上。我小心翼翼地抓住它，放在手里，一拧，看似坚固的锁，断裂了。"咣当"一声，落在了地上。一道道锈黄划过手心。那是时间的记忆啊。我轻轻推开了那扇门，一束阳光照射进来，昏黑的老屋，亮堂起来了。霉味儿扑鼻而来。屋内的地上沉积着几年的灰土，踏上去，灰尘四扬，一份厚实的感觉，一份踏实的感觉，这就是家的感觉。但家里是空的，什么也没有，唯有风从窟窿中进出。四周一片沉寂，一片昏暗，老屋，你仿佛与外面喧嚣的世界隔绝了。

一阵风拂过，门前的树飒飒作响。我仰望着屋顶，回忆着。老屋，你还记得吗？你还记得小时候，也是春节，也是这个时节，我们还都在家中。大家喜气洋洋地聚在一起，给你贴对联，贴倒福，贴大红大红的窗花。灰墙黑瓦的你，被中国红所包围着。屋内，烛光映照着每一个人的脸，红扑扑的。笑声、欢声、唱声，都融进了老屋中，融进了你心中。空气中弥漫着过年的味道，清冷的世界，在此刻也温暖了许多。你虽没有人的思想，但我知道，你内心一定也像我们这些小孩子一样，快乐无比吧！你瞧，屋顶上，打着旋的炊烟，就是最好的见证，不是吗？

而如今呢？家中的热闹声、喜庆声，怎么都消失得无影无踪了呢？老屋内，除了寂静，还是寂静。老屋身上，除了灰墙，就是黑瓦。中国红的对联，中国红的窗花，已没有人再来贴了。老屋，你成了名副其实的"老"屋了。没有人再来你身旁了，你沉默了。

我有些伤感。环顾四周，除了你之外，再也没有像这样有斜顶、带黑瓦的老屋了。取而代之的，是一幢幢两层高的水泥小楼。粉刷的白墙，在阳光下，那么刺眼，那么不舒服。你，老屋温暖的色彩与它们格格不入。没有人再在屋前准备着腊肠，没有人再在屋前炸着年货。空气中，只有冷清。"咣当"一声铁门锁住了热闹，锁住了历史，更锁住了人的交往。水泥房，那么高大，那么尊贵，却那么冰冷，冷却了人们以往的心啊！

　　是啊，老屋没变，变的只是生活，变的只是时代，变的只是人心罢了。

老　院

顾思义

我们要搬家了。

家里的气氛是喜洋洋的，我们一大家子要搬进美丽、豪华的高楼大厦里了。叔叔伯伯们在大声讨论未来新家的装潢；表弟表妹们吵着要母亲给他们留一个放玩具的小屋；阿姨婶婶们被他们的孩子闹得头疼，脸上却还是带着微笑。但我的心里空荡荡的，一点儿也高兴不起来，我要离开这个生活了十几年的老院子了。搬进新家的几个月后，我又回到了那条小巷。

早晨。

风，轻轻的；雨，细细的；雾，蒙蒙的；空气，湿湿的。小巷，幽幽的，静静的。

我撑着伞走在巷间的青石板路上，用手抚摸着破旧的围墙，听着斑驳的砖块低沉地讲述过去的故事。

在一扇熟悉的朱红色大门前，我停下了脚步。那扇略显笨重的大门，红色的油漆已掉落得不像样了，绽开了一条条深浅不一的裂缝儿，好似老人额头布满的皱纹。

我伸手缓缓推开了那扇门。

过去的情景突然涌入了脑海，回忆似放电影般展现在我的眼前……

院子中央是一棵古槐树，那伸展的树枝格外繁茂，在空旷的地面上投下一片阴影。这棵树究竟有多老了，谁也说不清，只有粗壮的树根向人诉说着年代的久远。我们几个孩子还曾抱着它测量过它的腰围呢。

树下有一张长石凳，磨得光光的，凹凸的表面只留下一些斑印。常常会有些猫儿狗儿趴在石凳上，小憩片刻。它们毛茸茸小小的身躯，与身边古老的大树形成了鲜明的对比。这一大一小，一老一少，却是那么和谐。

屋前窗下的空地上，被人精心地砌出了一块小花圃，里面种着些花儿：常见的，不常见的；知名的，不知名的；一朵朵，一簇簇。当第一缕春风吹来的时候，那花圃就开始热闹起来。迎春花，金黄金黄的，往里是月季花、牡丹花……一个春天，花圃里姹紫嫣红的。夏日树荫满地，花圃的花儿则少了许多，只剩些小花在茂盛的草丛中悄然开放。金秋八月，瓜果飘香时，最夺目的就是菊花了，各式各样，五颜六色。有针尖型、垂瀑型、球型……有红的、黄的、白的……举不胜举。飘雪的时候，花圃又回归了寂静，默如积淀，等待着来年的春天。

院子的一隅，有几块菜地，里面种着些蔬菜，绿油油的。菜地边围了一圈围栏，为的是防止猫儿狗儿踩坏地里的菜，但那自然是没什么用。看吧，蔫垂的几棵青菜旁就是一串串的猫狗的脚印。

院子里的人不多，都是些老人、孩子。

阳光明丽的午后，古槐树依旧在地面投下一片浓荫。这是老人们最欢喜的时候了，搬来几张竹凳，放在树下，手里摇一把蒲扇，就这样惬意地闲聊起东家长西家短来。谁家刚买了一件新家什，谁家刚办了喜事……他们比谁都清楚，满足写在他们的脸上。

小孩儿是最不甘寂寞的，他们会想出各种游戏来排解无聊。他们或是在地上画些格子，比画着"石头、剪子、布"，左蹦右跳地玩起跳格子；或是几个人排成一排，抓着彼此的衣襟，奔来跑去地玩着"老鹰捉小鸡"；再就是拿出自己珍藏的弹珠，趴在地上，全心全意地玩起"打弹珠"。这时，孩子们天真爽朗的笑声就在整个院子里回荡……快乐，原来是那么简单。

现在，那扇朱红色大门已被我完全推开，那院子里却是一片萧条的景象。

院子原有的安静、淳朴不见了，多了一份寂寞破旧。原先白净的墙面被写上了一个个大大的"拆"字，墙角还挂着许多蜘蛛网。屋子上精心铺放的瓦片已经碎得不成样子了，一条条裂痕满是痛苦的味道。

　　一阵风吹过，卷起了满地枯黄的落叶……

夹在书中的岁月

俞 越

  整理书籍的时候，我发现了一本泛黄的旧书，书本的表面有点儿皱，翻开的时候，书页发出脆脆的声音，看来它已经被人翻过数回了。它是一本故事书，注有拼音，现在看来十分幼稚可笑。我正准备把它扔掉，却看见有一样东西从书中飘了出来。我把它捡起来，原来是一片花瓣，它的颜色已经发紫，边上有点儿破损，摸上去如同一张光滑柔软、有弹性的纸片，茎脉还清晰可辨。我忽然想起来，它是被我夹进书中去的。

  那时我八岁，一天，在窗前的桌子上阅读这本书，读累了，便到窗口透透气。我发现妈妈养的蝴蝶兰快要凋谢了，真为它感到惋惜。多么美丽的花呀，可惜现在生命就要终结了，我摘了一片花瓣夹进了书中，说不清楚当时为什么要这样做。也许是不忍心看到蝴蝶兰的生命默默地逝去，而想让花瓣留下来，当作是它生命绚烂时的见证。

　　花瓣在书里保存了四年，看着它，我心里有一种说不出的惆怅！在花瓣上可以看到蝴蝶兰娇美绽放时的情景，也可以看到我儿时快乐的时光。我不禁想起了泰戈尔的诗句："生如夏花之绚烂，死如秋叶之静美！"是的，夏花有绚丽、蓬勃的生命，它们在阳光最灿烂的季节绽放，如飞跃、跳动的生命精灵，以此来诠释生命的辉煌。但它们生命的轨迹又是那般短暂匆忙，只有我们生命的惊鸿一瞥。有人说：生命是一列疾驰的火车，它从不为某人而逗留。是的，青春如诗，岁月如歌。当人生经历沧桑，过去的甜美成了回忆时，生命便即将到达它的终点，人们无法挽留生命趋向衰落，正如人们无法阻止花儿凋谢。既然美丽终究无法保留，那么我们就不能仅仅限于惋惜，而更应珍惜。

　　那些夹在书中的岁月，让我掩卷深思……

又见那抹阳光

友情未曾逝去

马钰莹

"对不起，您拨打的电话暂时无法接通……"纪余紧紧握住手机，手心早已渗出了汗。听到这优雅的女声，心中不知是怅然若失还是如释重负。冉言为什么不接电话？难道友情真的碎了吗？她无法给自己一个合理的答案，任凭心情乱成一团麻。

同一时刻的另一边——冉言愤怒地在日记上砸下六个字："友情不纯粹了！"她那一身寒气凝敛到鼻梁化为杀气。你也是知道的，一个人在生气时智商可以变为零，来电铃声再大，冉言也全部都当没有听见。

纪余和冉言，曾经只能用"相见恨晚"来形容，无话不谈，形影不离，几乎所有形容友情深厚的词都能与她们挂上钩。可惜的是，这一对好朋友的感情正在慢慢淡化，用暖色瞳孔注视过往会发现，原来彼此朝反向走去的距离已经变得长之又长。

纪余一直觉得这个世界是倾斜的，然后她会掉进某个角落，窒息感令她害怕。曾经冉言会毫不犹豫地把她拉起，一句"还有我"温暖至极。只是如今冉言越来越不考虑她的感受了。冉言爱在作业很多时把纪余拉出去陪她玩，爱在风很大很冷时要求纪余陪她跑步，爱把心事讲给别人听却什么都不告诉纪余……这一切的一切无疑意味着，友情正在恶化。她为此整整考虑了一个上午，天不言地不语，许多东西适合烂在心里，这层窗户纸是捅还是不捅？最后无力地在日记本上写下："我总是奢望那些出现过的、说过永远的，能一直记得他们曾经对我说过的一字一句，可是世界太辽阔，任何人的哭笑都不止为我，冉言……"蓝色的墨汁停留在言字最后一横上，渗出了一个小蓝点儿。冉言？冉言的哭笑，为什么也一定要因为我呢？像是幡然醒悟，懊恼的纪余立刻又重新拿出手机，飞快地打出了这样几个字："对不起，我想了很多，觉得亏欠你太多。"

那头的冉言正把自己埋在作业堆里，以此来麻痹自己的坏心情。她愤愤不平地回忆着纪余曾带给自己的一切痛苦。爽约，说话极端不考虑自己的感受，数学作业总需要自己教……她甚至怒吼了一句："我怎么会有这样的朋友！"刺耳的短信铃声传入耳中，冉言眼里的愤怒快爆出火光，一边想着"怎么又有人来烦"，一边按下"打开"

键。短信的内容使冉言的心顿时凹陷了一片。对不起？纪余居然对自己说对不起？内疚感腐蚀了整颗心脏，回复的短信打了删，删了打，最终发送的是："为什么要对不起，朋友之间不存在亏欠。"

随后，纪余和冉言仿佛是做好了打开心扉的准备，开始与对方互相说自己的不足之处。

"今后早上动作快些不让你等太久。"

"今后傍晚回宿舍不让你等很久。"

……

本是可以互相指责然后大喊"你怎么可以这样"，却因为纪余的一句"对不起"，这些恩怨全被泯灭。

次日回校时是夕阳西下的傍晚，天空中像着了火般到处是浓艳的红和耀眼的金。在那样夺目的光芒中，纪余和冉言无意中在校园内相遇了。生命似乎沸腾了。光影在纪余脸上掠过，深深浅浅。微风托起冉言的头发，轻拂纪余的脸庞，温暖得像一个深邃的梦。有些事情不用说，她们内心都明白，昨日的道歉似乎就在眼前，触手可及。

纪余看着冉言，她眼里的涟漪一波一波扩散开来，展颜而笑，如海蓝色的蝴蝶花，"冉言，我一直相信，再怎么累死人的爱，再怎么累死人的恨，都会过去，遇见你，多么幸运。"

冉言也笑了，身后红霞满天如熊熊烈火将她拥抱："把对彼此的不满紧紧地拴在心里吧，纵使它怒吼咆哮，纵使它凄声哀求。"

纪余突然拼命地挠脸，"我脸上好痒啊，痒死啦！"

"……是你哭了，你哭了！"

眼眶的温度在沸腾的那一秒，为年华留下了一道刻骨铭心的线条，拥抱后剩下的余温使两个女孩子都哭花了脸。

其实有很多事情都是有很好的开始的，可结局却往往会出人预料。生命并不是能够为所欲为的事，它也不由自己控制。可是只要有心，然后带着温暖的本意，什么都会变好的，是吗？结局，归途，梦，总是有了朋友的陪伴，才会变得更美好更温暖。若要说是波澜，其实也不过只是池塘里的一圈圈荡起的涟漪，最终也会慢慢平静。人生的旅途中总有锋利的刀子会刺伤自己，有了朋友就什么都不怕了，就像冉言总会把纪余从角落里拉起一般。

原来纪余和冉言，一直是好朋友，友情未曾逝去。

听 雪 季

周芸芸

与其是说留恋这个冬天，倒不如说是留恋这个冬天的雪。春有百花秋有月，夏有凉风冬听雪，这是一季秋月之后的冬——一个听雪的季节。

听说雪有一个这样的故事。

很久以前，天和地是一对情人，难分难舍，上帝把他们分开了，天俯视着地，地仰望着天，天努力地靠近地，地努力地接近天。终于，天打碎自己，化作雪片，飘下来，落入她心爱的人的怀抱。

我一直很固执地认为，随着时间的增长，我对雪的痴恋会有所减轻，最终会消失殆尽，却不想与日俱长，越来越挥之不去。

我敬佩雪的诞生，她经历了凛冽的北风和严寒的气候，在纯净的天空中从容地凝结，犹如凌花，洁白美丽。

我喜欢雪的降临，她没有飓风的呼啸，没有雷电的轰鸣，没有大雨的倾盆，犹如散落的花朵，轻盈无声。

我总以为我能听懂雪，但我越去听她，她却越让我感到无知。这是一种不能自拔的诱惑，常让我在夜深人静的路灯下，找寻她诱惑的影子。风雪里，来往的人群，疾驰的车流，还有冻僵的楼宇，一切的一切，让我陶醉其中。

小年夜的晚上，雪无声地下起，一片一片地累积。雪花柔柔地飘洒着，覆盖着这座小城白日的喧哗，落雪无声，把这个本来就很宁静的夜晚渲染得更加宁静。

江南的冬天是偶尔才能看见雪花的，甚至会有几个冬天连雪花的影子都无法见到。记忆中最近稍大的那场雪还是2008年的时候，春节期间到处白皑皑的一片，印象中，那回还缠着爸爸在家门口堆了一个雪人，歪歪斜斜地傻笑着。

昨晚的雪下得不大，却来得毫无预兆，令人惊喜。远处房顶上的积雪在阳光的照耀下反射着银白色晃人眼目的光芒。覆盖在大地上的白雪虽已斑驳，但还未融尽。世界在晨雾中有着朦朦胧胧的美丽。

楼下传来银铃般的欢笑声，一声一声炽热地将冰晶都融化了。是孩子们在堆雪人，他们穿着鲜亮的棉袄，绽放的笑颜那么欢快无愁，在冬日的银装素裹里开出一朵朵花。这儿有大有小或带着草帽或插着胡萝卜鼻子的雪人在天空下矗立，一个冬天的矗立。穿梭其间的孩子们与这雪和这雪人形成了一道亮丽的风景。

这一年雪来得潇洒，去得也潇洒。下午的时候，再抬头看看天空，白白的云，蓝蓝的天，没有丝毫的尘埃，我想寻求一丝雪的痕迹，怎么也找不到。

雪不期而至，愿夜里有一个关于雪的梦轻轻落在我的身上，在这个冬季，让我听一回无声胜有声的雪。

雨中景，雨中情

钟 敏

　　说起刚刚过去的这个夏天，那可真是大雨不断，小雨连绵，整日浸泡在雨水之中。有时碰上几个艳阳天，才能勉强找到一点儿夏的感觉。但也多亏今年雨水的丰沛，让我有幸领略到了雨中奇妙的景观。

诸暨·五泄

　　上午参观西施庙的时候还是晴空万里，没想到到了中午就开始变天。太阳的光芒逐渐收敛起来，乌云开始聚集，黑压压的一片。下午赶到码头时，狂风席卷而来，暴雨紧随其后。一番慌乱之后，终于上了船。在船头站定，我开始细细打量起这里，它虽没有三峡的雄伟险峻，却也清秀奇丽，莫非是西施故里的关系？山环绕着水，水环绕着山，树木繁茂，郁郁葱葱。水面溅起密集的小水花，雨势依然未减，天地间浑然一片，可以清晰地听到雨点儿打到船舱时发出的响亮声音。

我静静地看着细碎欢腾的水面，不觉已到岸。雨稍稍地停歇了，山间飘荡着袅袅白烟，空气格外清新。沿着小路往里走，两边的山涧清澈见底，溪水绕过硕大的石头，继续前行，淙淙的水声让人心旷神怡。

踩着巨大的石头，横穿过河床。抬头，便是五泄。这才知道，这瀑布折级而下，共分五级，故得名"五泄"。且这五级瀑布十分曲折陡峭，变化多端，有的银花飞溅，形如匹练；有的急转直下，奔腾跌宕；有的又开阔平缓，舒展流畅。又加上雨雾朦胧，亦真亦幻，看不真切，平添一分朦胧之美。而等到了第一泄，俯视瀑布，似乎又变得宁静平和起来了。

此景实属不可多得，如今依然历历在目。

西湖·苏堤

雨中的西湖则又是另一番景致了。

漫步苏堤的时候，天色已暗，但这并没有妨碍到我们的好兴致。一直觉得，西湖的荷花真是一绝，不管是颜色、形态，都是那么的恰到好处，再红一分就显得媚俗，再浅一分就显得单薄，实在是美艳得不可方物。

而此时，天空已经被乌云笼罩，仿佛即刻就要向地面压下来。狂风刮起，树枝摇摆不止，岸边的荷花也倒向了一边。波浪开始翻滚，放眼望去，湖水高低起伏，拍打着堤岸。豆大的雨点儿猛烈地落下，伞被呼啸的狂风刮得向上翻起，我干脆收起了伞。

　　蓦地，一道闪电炸裂于天空，明亮得刺眼，随即听到云层中低沉的雷的咆哮。波浪愈来愈高，涛声愈来愈大，仿佛整个西湖都要冲天而起。我呆呆地望着眼前难得一见的场景，心中想到，这就是愤怒的西湖吗？

　　雨多种多样，风景更是多种多样，多种多样的雨和多种多样的风景会产生多种多样奇妙的组合，而我，只是欣赏到了其中的几种。但我还是感谢大自然的馈赠，因为没有它，我是断然不能见到这些奇景的。所以，珍惜大自然吧，没有它，就没有我们精彩的世界。

野　草

蒋昕愉

那只是一株野草。

一株生长在荒郊野外的野草，无人栽，无人赏。

但它，却有一个不平凡的梦。

那是一个，在它还是一颗被风吹到树下的种子时，许下的梦：穿过那覆在自己顶上的那块石头，去探一探蓝天白云，与那一直陪着它的老樟树打个招呼。它想同那阻挠它视线的石头一样，每天都能享受阳光和晨露，聆听鸟语虫鸣，嗅那老樟树幽幽的古朴香味；也希望能被樟树结的果子砸到，然后痛痛地弯下身，待果子滚到地上，再挺起腰板，任风吹拂。

再是一个秋收，它觉得，樟树果砸到石块上的声音愈加清晰了，仿佛只是隔了一张纸似的。它想，若是再努力一个秋天的话，在冬天到来之前，它便能看到它想见到的一切，就能看到那棵总是掉下果子的老樟树。

于是，这个秋天，它便不断地吸收一切可得的营养物质，愈发强劲地钻着石头生长。然而，石头不是不知道，也不是没看到，只是它不想告诉那可爱的，为了自己的梦，敢于努力、敢于尝试别人不愿做的事情的那株野草，迎接它的可能是被人拔掉，扔在一边的命运。

石头相信，那株可爱的小草，宁可用死亡换得一场轰轰烈烈，也不愿用永远的躲避来换得苟活。

冬天将至，野草在冬天的第一个太阳露脸时，从石缝中钻了出来，心里有说不尽的激动和欢喜。它看见了老樟树，也看见了石块。

虽然没有鸟语花香，没有百花齐放，但它相信，冬天很快就会过去。

等到雪融化时，春天就到了，它就能听到鸟语虫鸣，看到蜂飞蝶舞了。

可是，一个巨大的黑色影子罩了下来，抓住了它的身子，把它拔了起来，连同那块被它穿透的石块，它的根枝暴露在荒野中。

野草听见了石块的一声叹息，似那长长的吊唁。

野草想：我不后悔，至少我看到了我想看到的一切，即便是没有鸟语花香。

野草渐渐死去，叶子变得枯黄，最后卷起，直到干到一碰就碎。

又见那抹阳光

一阵微风吹过，吹起野草那干枯的身子，将它吹散了，再也寻不到踪影。

它还是那株野草，一株长在荒郊野外的野草。

只是现在，它是一株坚强的穿透了石块的野草。

是的，它只是一株"野草"。

秋让我陶醉

陆方洲

一年有四季，百花争艳的春天，热情似火的夏天，落叶归根的秋天，白雪皑皑的冬天。我最爱的，是那最凉爽，最稳重的秋。从小就对秋有一种莫名的喜欢，是气候舒爽也好，是农作物丰收也好，就是喜欢秋天，还常常会因为古人多写秋的凄凉而扼腕不平。

古人一遇"秋"，就是悲凉啊，凄冷啊，孤独啊，可是我却不这么认为。秋天是丰收的季节，应该是充满喜悦而心怀感恩的，不是吗？我陶醉于秋的丰收。农民伯伯辛苦了大半年，终于收获了希望。那金黄的稻穗，不就像农民伯伯们的笑容般灿烂吗？那诱人的果香，不是让我们垂涎欲滴吗？这秋，涌动着丰收的甜蜜。

我陶醉于凉爽的秋。秋风阵阵，送来丝丝清凉，其中还带着那醉人的桂花香，浓而不腻。我是喜欢桂花的，它虽小，四瓣娇嫩的米黄色花瓣很是惹人怜爱，一簇一簇的，挤挤挨挨地开在一块儿，那香味，确实迷人。校园里的花这会儿也都开始绽放了，那味道可真是好闻，也就是好闻，说不出具体的味道，大多应该是"清"吧！每当漫步林荫小道，有风，有桂花香，有温水似的阳光，告别了夏天的闷热，只剩下温暖的阳光。这样的意境，真让人有种想吟诗的冲动。哦，可不要忘了枝头那片片红叶，一点儿不刺眼，稍稍带着黄色，那是橘红吧，几抹火色夹杂在绿叶中，显得分外妖娆。这秋，洋溢着淡定的美丽。

我陶醉于落叶归根的秋。每到秋天，"落叶飘零"这四个字是免不了的，地球上每一个生物都要遵守于大自然的规律。一片树叶就是一个小生命，它的陨落，却给大树提供了养料。虽带着不尽的伤感与留恋，但忘却这些，就是奉献。我们都要像叶子一样：生时，努力将身体面向太阳，为了展现生命的色彩；掉落，化为养料，为了来年春天，大树可以更加茂盛。每时每刻都在默默无闻地付出着，这样的一生多好、多充实、多快乐。一片片枯叶在风中轻轻起舞，一地的金黄，是无私的奉献。这秋，亦是无限感动和付出。

我陶醉于稳重的秋。说它稳重，是因为它没有春天的莺歌燕舞，也没夏天嘈杂的蝉鸣。只有些许风吹落叶的"沙沙"声和一两只大雁的孤鸣。这秋，踏实又安静。

总之，我爱秋，爱它的一切：丰收、凉爽、美丽、稳重……谢谢这个世界创造了秋天这么一个美好的季节。秋，让我陶醉。

怀念艾香相伴的日子

方芸颖

空气里渐渐弥漫开艾草的清香。

纤细嫩白的芦苇丛在河边摇曳，金灿灿的麦子与湛蓝的天相拥而映，似在昭示着不久后的丰收，蛙声、蝉鸣连成了一片，多妙的协奏曲啊。

姥姥蹲坐在后院，解下发髻，将头发向一边梳，用水勺舀一勺水，缓缓倒出，水顺着姥姥的银发落在水泥板上，姥姥用手将几缕调皮的发丝抚平，又注入一勺水，细的水珠溅到了姥姥微微挽起的衣角。

姥姥倒了些青绿的粉末在手心，双手轻搓，轻抚于发间。姥姥抚得很细致，发根、发尖，每一根头发都经过了极郑重地洗。

我不解地问姥姥："姥姥，姥姥，你用的是什么呀？是不是艾草？为什么不用阿姨买给你的洗发液呢？"

姥姥轻摇着头，淡淡的笑意在眼角洇开，"姥姥呀是用惯了，改不了了。用艾草洗头又干净又有香味，姥姥的姥姥也是用这个给我洗头的。"

姥姥拧了拧头发，随后又披散开来。我把手伸进木盆，碧水轻漾，漾着幽幽的香。几丝银发随着水面沉浮辗转，我伸手捞起，舒心地嗅着艾香。

姥姥看着我，宠溺地笑道："囡囡是不是也想用艾草洗头啊？"一听这话，我紧攥着那束头发，蹬蹬蹬地跑回姥姥的身边，仰起头，"姥姥说的，不许反悔，拉钩钩。"我撒娇着伸出小手指，姥姥蹲下身，小手指勾着我的小手指。微风吹过，扬起了姥姥的头发，还有几缕飘过我的脸，嗯，好香。我眯起眼，似有些醉了。

天边的晚霞投下一抹醉人的笑颜，夕阳把我们的影子拉得很长，很长。

这浓郁的艾香使我魂牵梦绕啊。

那天，从玩伴家里出来，天上竟下起了绵绵细雨，猛然才想起大人们说的梅雨天了。我快步跑回家，却仍是湿了衣裳。一量体温，发烧了。

我正要沉沉睡去，姥姥端着一只碗走进来。

姥姥穿着一件雅致的蓝色碎花布衫，头发挽成了一个小发髻。

端来的汤散发着一股清香，我爬起接过汤，"姥姥，是艾草熬的汤吗？"

"是呀，给你退退烧，喝完后好好睡一觉，别踢被子——瞧瞧，我刚说你就踢掉了。"姥姥帮我重新盖上被子，微嗔地捏了我一把小脸，我痴痴地笑着躲进被子里。

　　我的手不经意地碰到了姥姥捏的地方，我感觉到一阵冰凉。姥姥的手向来冰冷，但我却感到阵阵暖意。

　　那夜，我莫名地做了一个关于艾草的梦。

　　艾草的清香穿过悠长的时间与记忆走廊，仍芳香依旧。只是再次触到这曾经熟悉的艾香，竟觉得自己是个"异乡客"。

　　恍惚间，我仿佛看见姥姥身着那件蓝色的碎花布衫，缓缓地向我走来，我又闻到了阔别已久的艾香清香。

诚 信 无 价

姜芃如

秋风瑟瑟，秋的凉意渗透到世界的每一个角落。走在街上，似乎都感觉到了莫名的萧索。而菜市场，似乎从来都是感受不到萧索的。

临节的菜场似乎比往日更加热闹，人头攒动，来来往往。那些平日里看起来蹒跚瘦弱的老人，此刻似乎都返老还童一样，精神百倍力拔千斤似的，拎着一大堆袋子，仍不知疲倦地在各摊位上讨价还价。各种食材，贵的、贱的、优的、劣的、反季的、应季的，一股脑儿摆在台子上。

在这个地方，似乎每样东西都是有价的。

在一个角落的摊位上，站着一个男人，看上去似乎与别的店家没什么不同，男的大声叫喊，不时有顾客停下来，讨价还价，对菜品头论足。不多时，就有几枚硬币抑或几张皱巴巴的钞票落在一个纸盒子里。

古怪的是，这家摊位的秤并不像别家的秤，正大光明地放在台子上，而是搁在摊位侧面，一根柱子旁边的一个阴暗角落里，秤下面还很多余地搁了一只大盒子，一个个装菜的袋子递过来递过去，让人看着很不方便。

不多时，两个女人走过来，大概母女模样，都穿着菜场里摊贩常穿的围裙，脏得已不能反光的大雨靴。两人见四下无人，变戏法似的变出几个生了锈的大砝码，鬼鬼祟祟地移开那台古怪的秤。呀！那秤下面的大盒子里竟然有几个那样的大砝码！黑乎乎的，那么沉重，在那样的阴暗角落里，泛着铁锈暗暗的光泽，似几双黑黑的大眼睛注视着那母女俩，似在责问，又似在……

这时，刚刚还在那儿看着这一切的男摊主突然像老鼠见了猫似的跳开到一边去，那母女俩赶忙慌慌张张地搓着围裙，东张西望。只见一位穿着市场工作服，胸前别着"管理员"标识字样的老人走过来，他看了一眼那母女俩，熟门熟路地搬开秤台，看着那几个砝码，用一种鄙夷的口吻说："生意好这样做的？知道诚信无价啊？"母女俩的眼珠骨碌碌乱转，不住地看着来往客人，唯恐被人听见。女儿慌忙将盒子移走，忐忑不安地看着老人。老人嘟哝着吆喝别人去了。母女俩见状四下瞄瞄，又麻利地重又搬起盒子放在了秤下。

我望向那个摊位，每一样菜都明码标价。我似乎看到那一对母女将自己的良心和诚信也标了价，公然售卖，卖得那么廉价。

我耳畔又想起了老人的话"诚信无价啊！"我又看见那几个砝码，睁大了眼睛，不知道在嘲笑谁。

上六年级，我多了一分执着

叶芸菲

　　我时常望着这多姿多彩的大自然凝想：成行的大雁结伴而过，是一种壮丽的执着；巍巍悬崖边生长的一棵小草，是一种勇敢的执着；蚂蚁成团越过火焰，是一种团结的执着……执着，就是为了一件事不懈努力。我，也要执着。

　　天空中洒下的雨点儿像是对我们勇敢的考验，我望着这黑蒙蒙的天空，不安的心绪填满了我的脑子，雨越下越大，来势汹汹，仿佛是对我们无情的嘲笑。它嘲笑我们这般懦弱，没勇气越过大雨。我被它嚣张的自以为是激怒了，抛掉胆怯懦弱，向那阳光彼岸冲刺。执着，就是为那灿烂的彼岸勇敢冲刺。

　　黑夜中那黯淡的阴霾像是对我心灵的考验。我一个人行走在夜路里，幽寂的小路使我感到恐惧，远处传来的狗叫声此刻在我的脑海里就像是野兽的嚎鸣。我低着头看看脚下急促的步伐，再看看天空中闪烁的点点星光，它们正朝我微笑，仿佛在鼓励我不要害怕。于是我放缓了紧张的步伐，像星星一样微笑着面对黑暗。执着，就是战胜自我行走在黑夜中。黑夜还是黑夜，只是我的心轻松了，步伐如此轻快。

远处刮来的狂风像是对我们力量的考验。我踏出这温暖的家门，寒风像刺一样扎进了我的骨头，狂躁的风无情地拍打我的脸，很快蔓延到身体每个部位，让我寸步难行，我撑的雨伞被风吹得翻折过去，我急忙把它关上，这个境地真的是太令人难受了！这时，我看见那棵屹立不倒的大树，它站在大风直吹的地方，却丝毫不曾畏惧，勇敢扎根在泥土之中。我摸索着前进的路，仿佛一瞬间，我弱小的身体发挥出巨大的力量，勇往直前。执着，就是用自己不够强大的力量越过风沙地段。风沙时时在，我仍行走。

大自然多姿多彩的景象能给我们许多启示，也正是这些微不足道的事情，给了我们受益终身的道理。

六年级的生活，如此美妙，让我脱离了孩童的稚气，我学会了执着，因为我留意世间万物，无惧风雨，无惧黑暗，一直在行走。

发现世界的眼睛

轻轻推开那扇窗

王悦淼

　　凌晨一点半，窗外夜色正浓。还有什么人，像我一样在这梦醒时分，轻轻推开那扇窗……

　　透过窗，我望到了远处灯火通明的大厦，流光溢彩的镁光灯——是城市的夜晚，华丽却浮躁。我垂下眼帘，看见的却是一副截然不同的景象：小区里静静的，没有风。花草树木一动不动，似乎也入了眠。楼下，有一只野猫正在草地上慢慢踱着步，似乎它成了这儿的主人，这儿安静的一切现在都只属于它。近处，只有零星的几户人家的灯还亮着，那有着柔和黄晕的光像极了那楼的眼，正悄悄打量着这夜的景象。我不由得抬手，然后轻轻地，轻轻地推开了那扇窗。顿时，夜晚特有的冷冽而又清新的空气一下钻进了我的鼻腔。我不禁走近了些，闭上眼，使劲儿地呼吸着，真希望这凉凉的空气能一直停留在我的体内，使人清醒又让人舒服。

突然，一阵风吹过，它从窗口汹涌地翻滚进来。我的头发被它淘气地吹乱，身后的衣架也摇晃着发出响声。衣角翩飞，我是多么想在这美好的夜里幻化成一只飞鸟，在这天地间随心地翱翔！抬起头，哦！那是什么？是什么在向我闪着光？是星星！夜空中竟然闪烁着星星！它们怎么会在这儿出现？要知道，在一个城市人的眼中，它们已经久违了。它们的光芒是那么的遥远，那么令人向往。但今晚，它们竟在我的头顶闪烁，近得仿佛伸出手就能抓到它们！此时此刻，我多么想用相机将这一幕拍下。但最终没有，因为比起使用冰冷的机械记录它们，不如将它放在我跳动的心中，保质的期限会更长些。

那一晚，轻轻推开那扇窗，我感受到了久违的美好。那楼下的猫咪，冷冽的夜风，眨着眼的星星，都使我因在城市中待得太久而渐渐僵化的心变得柔软，变得感动。是从何时开始，我们的眼被蒙上了灰尘，不再看到身边的美好？是从何时开始，我们的心变得像这城市里的水泥钢筋一样冰冷麻木，不再留意近在咫尺的爱？

推开那扇窗，我看清了窗外的景色，朋友，也推开你心中那扇尘封已久的窗吧，相信你也会看到一片独特的风景！

发现世界的眼睛

带我回家

韩倩芸

幸福是笼了一层雾的东西，似远而近，朦朦胧胧，虚幻却又真实。

我的幸福，就是总会有一个人牵起我的手，温柔地笑着，带我回家。

儿时的自己与现在相比，调皮得很。每天野在外面，和小伙伴嘻嘻哈哈，打弹珠啦，捉迷藏啦，从没有安稳过。每到傍晚，也就是晚饭时间，妈妈便会领着脏兮兮的我回家。但那时还有着孩子特有的贪玩脾性的我，撒泼、耍赖，就是不肯回去。妈妈这时便会哄我，说今天又有什么好吃的，我喜欢的动画开始播了……我对记忆并不执着，那时的事也忘了十之八九，吃了什么忘了，看了什么忘了。但仍然记得妈妈当时温柔的笑颜，不带怒气，衬着年轻的脸，格外温暖而美丽。

小学三四年级时，我还不是寄宿生，每天上下学都会由父母接送。家长是不允许进校的，他们便在校外等。那时，一天最兴奋的时候就是傍晚放学之时，作业再多也无所谓，跟着大部队走在路上时，就连脚步都是轻飘飘的，飞起来一样。走出校门，看到黑压压的人群，是有点儿怕的，也总不能一眼就找到父母，于是我一个个找，只可惜，到最后，往往是他们先找到我。有些时候，他们也是会"迟到"的，最长也不过二十分钟吧，却给我一种被抛弃的错觉，仿佛我最亲近的人，将我扔下了，而那个属于我的家，离我越来越远。直到知道父母来了，内心的恐惧才一点一点消失。也不知是不是因为眼睛蒙了一层水雾，一切都变得模糊，向我走来的他们，发着光似的，耀眼得很。擦了擦眼，才看见他们微笑的面孔，那一瞬间，有一种想要不顾一切扑到他们怀中的想法。但终是没有，呆呆地站在原地，或跟着他们走。温暖的触觉却从我们相握的指尖蔓延开来，又是一片模糊，我想我看见了我温暖的家。

　　进入五年级，不知为何，我仿佛离大家越来越远，蜷缩在自己的小小世界，几乎没有存在感，只是看着他们围成圈，兴奋地谈论着什么。我，是不是离这个世界远了些？如果哪一天，我消失了，不留一点儿痕迹，就像我从不存在这世上一样，真的会有人发现吗？父母用行动告诉我说，不会。他们总能一下子就找到我，弯弯的眉眼，似在承诺。他们会牵起我的手，仍说"回家吧！"一如对待幼时的我，心底淡淡的欢欣越发浓烈。

是呀，回家吧。无论你走得多远，有多疲惫，那个唤作家的地方总会等待着你。无所谓成功或失败，无所谓高兴或失落，无所谓富有或贫穷，它不会在意你什么，只要你就是你。

六年级的时候，成绩起伏得厉害，揣着试卷，推开门，才发现，灯光依旧温暖，笑靥仍然明媚，眼角的皱纹，似深深刻在心底的幸福。有时会写作业至深夜，不经意间碰到了喝完的牛奶瓶，仍带着余温，是妈妈刚刚送来的。我可以想象它最初的温度，似我内心翻涌着的热烈的情。窗外，月光皎洁，却带了些阳光的灼热。

家是一个人的根基，是起点，亦是终点。有家的地方，就有温馨。

也许，在未来，我会牵着另一个人的手，低声柔语"我们回家"。那时，我想我是温暖而幸福的。

童年的清明桥

徐燕玲

周五放学晚上，我陪爸爸一起去看望爷爷奶奶。来到爷爷奶奶的家——清明桥时，一股熟悉的朴素味道扑面而来，夹杂着一些泥土与花草的气味，令我不禁想起了我那无忧无虑的童年。

我的童年大部分是在清明桥度过的。清澈的河水，古朴的房屋，淳朴的邻居，活泼的玩伴以及一个温馨的家，就是我童年的全部。记忆最深刻的是那儿时的傍晚，家家户户都上了灯的时候。那个时候，若是站在桥上，必定是一番美景。清澈的河水碧波荡漾，不时可看见鱼儿游动的身影，它们的鳞片，在夕阳的余晖下一闪一闪的。小桥上爬着爬山虎或是长着野花野草，从那砖的缝隙间钻出来的草最为茂盛，一抓就是一大把。灰色的砖石冷冷的还有些微微的湿润，也不知是那隔日的雨水还是那冰霜化成的露水。河边黄绿色的梧桐树稀稀疏疏的，树间隐隐约约的房子穿插着，风儿一吹，便露出了乌黑的屋顶。在这中间还闪烁着红灯笼的火光以及橘黄色的灯光。这一切都在夕阳的光辉下闪闪烁烁，模模糊糊，给人一种如置梦境的感觉。

然而我记得的更多的却是那时的人。傍晚时分，那是我和伙伴们玩耍的时间，也是爷爷奶奶的休闲时间。爷爷坐在屋中与邻居下象棋，而奶奶则坐在门口边织毛衣边与邻居阿婆聊天。我则与其他女孩子们一起去采野花、野草，然后集中在一起，放在邻居晾衣的水泥台上用木棒剁成花泥或草泥，然后包在指甲上，一次次地尝试着是否有比凤仙花更好的材料。而水泥台则被我们弄得惨不忍睹：这边一块红色，那边一块绿色，真是"五彩缤纷"呵！这时候，邻居们常常拿着一个扫把，装作要打我们的样子，我们就配合着大人，装出一副楚楚可怜的样子，躲在墙后边，不敢出来。这时本来就不准备打我们的邻居心便更是软了下来，笑道："你们这帮孩子！"又分给我们每个孩子一小块糕点。

如今望着邻居和爷爷奶奶，岁月的脚步在他们脸上刻下了无法抹去的痕迹，他们也早已没有了再来逗我们的精力和身体。我忽然觉得鼻头一酸，眼中的景物也渐渐模糊。岁月不饶人，永远地珍惜现在吧，也愿我能永远记住这童年的美好。

天上的那捧豌豆花

周子墨

　　清明前一个礼拜，我们一家人拎着大包小包，乘车去乡下扫墓。按照习俗，我不能拿东西，只能一个人空手前往。

　　快到奶奶的母亲坟前时，奶奶叹了口气，遗憾地说："忘了拿一束花了。"后来我才知道，奶奶的母亲喜欢花，特别是野花。

　　奶奶苍老的脸上竟生出了浓重的忧伤。我想起奶奶说过，母亲给予她一个温暖幸福的童年。在当时，很少有女孩子上私塾，奶奶是学堂里唯一的女孩儿。在学堂，总有一群男孩儿，捉弄奶奶。每当奶奶含着眼泪跑向自己的母亲时，曾外祖母总会抚一抚奶奶的头，用那吴侬软语告诉奶奶要坚强一些，然后再走向调皮的男孩儿，平和地告诉他们以后不要再捉弄女同学了。离开学堂后，曾外祖母总会拈一朵盛开的野花，别在奶奶的头发上。

走在窄窄的田埂上，穿过了一片油菜花，迎面而来的竟是一片雪白的野豌豆花。及膝的豌豆花在风的婆娑中摇曳着纤柔的腰肢，好似是少女的裙摆，在微风中飘扬，又好似是奶奶的母亲，在抚摸着女儿细柔的发丝。回头，看见奶奶的白发也随风飘扬，也看见她在默默地哭泣。我停下脚步，蹲下身来，摘了一把豌豆花。

那洁白的豌豆花，好像是一只玉雕的耳坠，一摇一摇，生着一副可爱样儿，再仔细一看，又像是婴儿裹着襁褓。我先到了坟前的树林里，父亲也到了，准备将柳枝插上坟头。此时，风停了。"姆妈，我转来了……"奶奶有些哽咽，不自觉地抹了一把眼泪，"我不好，没有给你带花……"我把那束豌豆花递给了奶奶，"奶奶，给你花。"奶奶惊异地看着我，然后抽噎着说："姆妈，你看，豌豆花。"不知为何，我想哭，我仿佛看到了一个女孩儿在与母亲对话，母亲在笑。

起风了，天上的母亲回答了人间白发苍苍的爱女。也许清明节扫墓，就是为了像这样和天上的亲人对话吧！清明节的真正意义，正是对祖先的感恩，和离开了我们的祖先对话。

我坚信，这一捧豌豆花，在曾外祖母的身边，永远都不会凋零。

春　雨

戴士杰

　　一年四季，春有雨，夏有日，秋有风，冬有雪。而我最喜欢的，就是那淅淅沥沥，如线如丝的春雨了。

　　毫无征兆的，当大家还在门外聊天，孩子们还在踢球时，雨便偷偷地落到人们的手上、头上和衣服上，人们发现后，便一哄而散，回家收衣服去了，刚才还热闹的街上，一下子就变得冷清了。

　　晶莹的雨珠落下来，仿佛天神的珍珠手串儿断了，珍珠纷纷扬扬洒落人间。地上出现了一个个小水洼，有几个小孩儿，不怕雨淋，跑出家门到处踩水塘，"啪嗒啪嗒"几声清脆的声音过后，小孩儿的鞋上，裤脚上都是点点的泥巴，远看上去像是几朵梅花，只不过被染成了棕色的。他们欢快地笑着，享受着这简单又好玩的游戏。

　　城市中，放眼望去，一片灰蒙蒙的，给人很闷的感觉，站在高楼中，向对面楼看去，也只能影影绰绰看见一个轮廓。再往下面的马路看，汽车开着车灯，在雨雾中只见一道道红色、白色的光点在移动，倒有几分仙境的感觉。

江南民居多是白墙黑瓦。而当雨珠从墙上流下来时，看上去简直美到了极点，晶莹的水珠反射着点点光线，过路人都忍不住驻足观赏。有时雨点儿打到瓦片上时还会发出"丁零——丁零——"的声响，听起来好不清脆！

和来时一样，春雨去时也是悄无声息的。太阳一下就驱散了阴云，使空气变得暖和起来。人们像什么也没发生一样，又接着出来聊天了，地上的水洼也很快干了，这倒让孩子们感到无聊了。不过，他们很快又找到了别的玩意儿。

人们很快忘记了这场雨，仿佛它从来没下过一样。是这样吗？当然不是。你瞧，田里的菜叶上还沾满了晶莹剔透的水珠；蚯蚓扭动着笨拙的身体从潮湿的泥土里爬出来；远处，一棵棵小树苗汲取足了雨中的养分，正蓬勃地向上生长……

我爱这春雨！

忆　雪

高烨铃

偶然听到这首《冬雪》琴箫合奏曲，我便爱上了它，只为纪念，我那逝去的冬雪……

"绿蚁新醅酒，红泥小火炉。晚来天欲雪，能饮一杯无？"如今虽不欲雪，但在这个半秋的节气中，听了这首《冬雪》，心中仍是感慨万分。

我也是一个民族乐器演奏者，听到如此一首曲子，当然感触颇深，也自知没有人能描绘出这样美妙的音乐，只求心中留得一片雪花纷飞……

听，古琴浑厚的声音隐隐传来，眼前仿佛出现了一片无垠的田野，银装素裹，一片白茫茫。飞雪缓缓落下，是那样纯白、晶莹，我看见他们是那样的不舍，那么一缕淡淡的感伤、怀念。是啊，他们是飞雪啊，冬日里的精灵，只将最美的一舞，展现给人类，然而落在地上，他们便注定了自己的命运……

全世界都静默了，只为了那短暂的美好。我想抓住什么，却还是只叹了一声。茫茫白雪中传来了箫声，缥缈得让人猜不透，却不知怎的，回忆，被深深勾起……

那一次，我也就五六岁，碰见了人生中第一场雪。我是多么欢乐，多么疯狂，我这样大叫着把雪球滚到了田间。我管不了当时手冻得有多痛，把雪球堆得大大的，我叫它雪人，其实它只是一个雪球而已。

嬉笑中，琴箫却越发远了，我抓不到了，它也化了，我哭了。现在，我明白了，我笑了……

何以忘忧，何以解愁，不愿抽刀断水，不便举杯消愁，只想永远听着这一曲《冬雪》，笑着梦回故里……

与苇海鹤鸣相遇

王子祥

　　偌大的苇海，微波起伏，百鸟啁啾。而我最喜欢的却是听鹤鸣，鹤鸣不仅是幸福吉祥的象征，也是我童年最快乐的乐曲。

　　记得儿时听鹤的感觉，来自苇海。每当入夜，苇塘里便成了鸟类的天堂。水鸟、野鸭、鸳鸯，以及好多叫不出名字的鸟儿都争先恐后吟曲作调，叽叽咕咕，咯咯嘎嘎，将我带入一个美妙的音乐王国。其中鹤鸣的声音最好听，最洪亮，最是清脆昂扬。柔和似水的月光倾泻在片片细弱纤巧的苇叶上，苇叶绿莹莹，晶亮亮，月光银灿灿、绵柔柔。只见绿中生白，雪里透碧，远远看去，这一方田地大小的苇塘仿佛是一块碧玉玛瑙，温润晶莹，悄然卧在这静谧的天地间。突然一阵微风徐来，拂过阵阵苇叶之清香，送来点点鹤鸣，似乎鹤鸣与苇叶已融为一体。而这略带清香的鹤鸣使得这苇海显得更加灵动、巧妙。

每每这时，先前还在嬉笑玩闹的我便会立即丢下眼前的游戏，揣着满腔的好奇向苇海奔去。拨开层层"高耸入云"的芦苇，我仿佛进入了一片翡翠云立的森林。月斑点点，鹤鸣依稀，在这幽深的密林中，鹤鸣之声此起彼伏，互相呼应。我闻声循去，然而往往是拨开苇丛，只见几点雪白如银的月光，似乎是这些有着天籁之声的精灵化作月色，静静轻拂着天地间的万物。

寒来暑往，物换星移。渐渐地，我步入了校园。每晚在窗前读诗诵课，也总是有鹤鸣相伴左右。书声琅琅，鹤鸣依依，那时那刻，我仿佛听到了历代文人墨客留在纸上的鹤声，"仙禽霓裳羽，牧客重闻彩鹤鸣"，"白衣黑裙的仙子，丹珠冠顶的秀士"。听鹤是心的艺术，当你憧憬的时候，鹤的长鸣就会醉了心田；听鹤是诗的升华，当你伤感的时候，鹤喉又如泣如诉；听鹤也需要爱心，爱鹤，爱自然，爱万物。"黄鹤一去不复返，白云千载空悠悠"，在如今这个浮躁的时代，这份平淡宁静的博爱之心，也伴随着鹤鸣之声，一去不复返了。

夜深了，风大了，细密的雨点儿打在苇叶上唰唰响。十几年来，由于环境的日益恶化，如今在苇塘里已很少能听到野鹤的叫声。这一夜，我的耳朵里塞满了奇声异响，却唯独少了那份超凡脱俗的鹤鸣。鹤声湮灭在野蛮的捕猎和繁华的现代文明中了。于是我感受到一种从未有过的遗憾与失落，满怀惆怅地倚在窗边，听苇海呐喊，看流云疾驰，直到东方破晓。

人类需要鹤，人间需要鹤声。鹤鸣是响彻天宇的阳春白雪，鹤鸣是呼唤生态平衡的警钟。我翘首企盼，能再次与苇海鹤鸣相遇。

梅 里 梅 外

何 悦

皑皑白雪主宰世界的时候，四处是漫无目的的白。这时若唇齿中充盈着淡淡的芳香，而后又看见那么几棵傲然挺立的梅花，该会有多少欢喜呢？

梅是雪的情人。这也无足为奇，想来只有雪能配上她的清雅。

她姿态万千。清瘦的枝干看似弱不禁风，却根根苍劲有力，盘旋的枝干上怒放的是傲气。梅花多叶，但总以一身清逸孤高、超脱平凡的气节昂首立于风雪之中。那些或红或白的花朵轻巧晶莹，是枝头翩跹的舞者。那层层叠叠的花瓣，由内而外由深至浅，在碧空绿草的映衬下更显优雅。草地上片片飘落的花瓣变成了婉约的舞步，踏着飞雪，从唐诗宋词中走来，从水墨诗经中走来。

她风华绝代。她静静地伫立于冷风中，面对这尘世，看了一年又一年。肆意的狂风何曾扰乱了她的心？刺骨的寒冷何曾封住了她的坚强？她看着在自己苍老时，百花争奇斗艳。她无力在四季循环中挣扎，而她将内心的孤傲化作铮铮铁骨，在天地的静默中求得岁月的安详，只是默默地吐露芬芳——在那个春寒料峭、乍暖还寒的早春。

　　我终是没有高等的雅兴，是感受不到梅花的精髓的。对于梅花，并没有那种暗香浮动，因为最香的是她从骨子里飘荡出来的，那种越挫越勇的品质。越是寒冷，花开的越是精神，梅是最有品格、最有骨气的。她的坚贞高洁、不与群芳争艳，她的百折不挠、自强不息，似是从古至今正气凛然的翩翩君子，抑或是中华民族的气节。她是随性的。"潮？梅雨里泛梅声，烂醉的舟划过，总是不羁。"这清清淡淡的美，难怪常为文人墨客所赞叹。

　　梅花的内心大概就是"宁愿永远孤绝偏执，浪漫而死，也不要自己落一点点世俗的讨好"吧。

雨

高婧怡

冬天到了末尾，天气依然有些许清凉，可以用"淅沥以潇飒"来描述此时屋外的风雨之声，虽为细雨，然"其触于物也，纵纵铮铮"，如"赴敌之兵，衔枚疾走，不闻号令，但闻人马之行声"。

我非常享受那清新的风夹着霏霏细雨洒在脸上的感觉，从小就喜欢，这是一种与生俱来的忧愁感。那雨温柔润泽的感觉不仅令我忧伤，也会让我轻松，我深沉地拉动胸中的风箱，顿时感觉到我的每个细胞都复活了，我的肺似乎也蓝了，紧接着便是全身也都蓝了，这是一种与天地融为一体的感觉，是御风而行的感觉，我忽然有了"来吾道夫以先路"的豪情。

夜幕徐徐地降临，昏黄的路灯也亮起来了，雨细了些，在昏黄的路灯下，像一片朦胧的雾霭，但是很薄，很轻，像青纱。此时的天空已经成紫罗兰色，在东边霓虹灯的辉映下，色调由西向东逐渐变暖，氤氲的，这是纯自然的造化，即便是画家造化在手也不可能画得这么自然。

　　听着耳旁那屋檐下雨滴击打不锈钢管的天籁之音，真是一种无上的享受。我丝毫不怀疑伯牙当年是因为钟子期病亡之后，没有了知音才破琴绝弦的。有哪位真正的音乐家听到如此空灵的天籁，还敢狂妄自大呢？真正最伟大的人，都是崇尚自然，敬畏自然的。天固然是迢迢的远景，但又似乎是近景，因为它包容着我们，仰头即在眼前。在天底下，极目远眺，是一片混沌，似乎蕴藏着无穷的黑暗，又似乎蕴藏着无穷的秘密，只有依稀可见的微弱光线稍稍给人以希望，那是梦的眼睛。

有那么一棵树

李 想

在一片混沌的世界里，一棵不知名的幼苗第一次睁开了眼睛。

它在泥泞中磕磕绊绊地探寻，坚硬的石子在它身上刻下累累的伤痕。它不愿懦弱，却奈何不了固执而强大的石子，只得不甘愿地屈服。绕过石子的身旁，它想，以后，以后我定要独当一面。

一开始，它想的是那样简单，只是想要变得强大。

一路的磨难中，它渐渐变得强韧，终于破土而出看见了这个一直憧憬着的世界。

它怀着对新事物的新奇日日享受着这个世界的美好。它喜欢这金色的暖阳，喜欢温柔的清风，喜欢凉爽的细雨，喜欢这丰富多彩的一切。

它渐渐不满足于现有的生活，它想要变得耀眼，变得万众瞩目，接受所有人的赞美，拥有傲视一切的地位。

于是它开始铆足了劲儿往上长，它想要变得和蝴蝶一般受人倾仰。不会飞没关系，我只要足够高就行了。外表足够华丽，一定可以的。它这么想着，不管不顾地伸展，想要最大程度的突显自己的美丽。

当它到达一定高度时，它得意了。望着周围只有自己一半高的同伴，沾沾自喜地接受着"哇，你看它长得好高好快"的艳羡。

"我一定是世界上最厉害的树了。"它这么想着，还能谁会有这么厉害呢？

一帆风顺、肆无忌惮的成长让它渐渐变得傲慢，变得狭隘，变得自私，身后不再有一片敬仰，取而代之的是窃窃的耳语。它有些愤恨，它们一定是嫉妒我太优秀。

它原以为生活会继续眷顾它，一切永远都会顺利进行的。但风暴终究还是来了。因为只顾生长而忘了扎稳根基，枝干单薄的它很快倒下了。它终于发现，自己是多么愚蠢和不堪一击，最初变得强大的愿望也并没有实现。躺在一片冰凉的潮湿中，这种疼痛令它绝望。

然而世界并没有抛下谁，一双温暖的手掌将它扶起，手心的温度传遍全身，它听见那人说："小苗你终究还是太过着急了，只顾往前冲的话也会累吧？慢慢来啊，你一定可以的。"

内心生出柔软的情愫，它的世界再次充满了希望的色彩。

　　它也再次相信，总有一天，会有那么一棵受人敬仰的树，是将来变得强大的自己。

有那么一棵树

邱兰昕

又一场西风渐起，窗前的落叶在风里飘零、旋转、舞动，在生命的最后一场演出谢幕后归于大地。远方的那一棵树总在这样的时候浮上心头，一圈圈年轮诉说着往事。

小时候，童年是故乡的一棵树。故乡盛产榕树，老屋门前便有一棵。那树并不十分高大挺拔，相反，它弯着身子，树皮粗糙，树枝向北方长长地伸出，似乎是在指路。它努力地俯下身子，仿佛是想贴近土地。那时候天还很蓝，还很平静，童年就像天边的云朵一样无忧无虑。这棵树陪伴着我度过童年。阳光灿烂的日子，我站在树下，微微眯着眼睛，透过绿叶看阳光。明晃晃的阳光从树叶间漏下来，点点滴滴洒在地上。阳光像泉水一样从绿叶上流淌而过，绿叶的边缘闪烁着淡淡的金光，像是罩上了一层朦胧的金纱，透着梦幻般的色彩。折下一片榕叶，一掐，一卷，做成叶笛轻轻吹响，声音悠扬，似乎在述说一个故事。靠着粗糙的树干，数数蚂蚁，弄弄小花，树下的童年就这样随着日暮的阳光悄悄溜走。

长大后，故乡是远方的一棵树。我果真如一朵云飘到了他乡。朦胧的夏夜，遥远的异乡，不见满天的繁星，不见山路边的萤火，也寻不到故乡的榕树。折一片嫩叶，卷成一支叶笛悄悄吹响的时光，只能在回忆里寻觅。常常在远方想起，故乡的那一棵树是否还在？是否依旧安好？它是否依然指着北方？我渐渐明白，它努力俯下身子，贴近土地，是出于对土地怎样的热爱与眷恋！它的根在泥土里，水泥在泥土上，纵是想要贴近也无可奈何。而此时的我，不就是那竭力贴近土地的榕树吗？

再后来，远方是心里的一棵树。风尘仆仆、满身疲惫地回到故乡，却看到故乡早已面目全非。空荡荡的老屋孤独地守在深巷里，倾颓半倒的老墙爬满青苔，阴暗潮湿的墙角摇曳着野花青草。原来啊，所谓的沧海桑田，山河变迁，也不过是十年光阴。我在屋前寻到那棵树，透过枝叶的缝隙能看到不远处的高楼。我抚摸过它沟壑纵横的树皮，似乎听着它讲着一个久远的故事。它坚守在这片土地上一个世纪，脚下从泥土变为水泥，见证一代代乡民离开却不再回来，却从未伤感流泪，只是安宁执着地守在这里，默默看着一切在自己面前发生。发展是时代的必然，告别无可避免。累了吗？痛了吗？悲伤吗？遗憾吗？树不说话，只是沉默，仿佛百年来的一切都是过眼云烟，轻描淡写便可过去，重重提起，轻轻放下。它抚平我的惆怅，让我安宁下来，不致太过悲伤，只在回忆里怀念消逝的故乡。

小时候，童年是故乡的一棵树，但它终于在一个日暮悄然倒下；长大后，故乡是远方的一棵树，但如今的它，只留下树桩与一圈圈年轮让人怀想。如今，我只留下的，是心里的一棵树。我一直记得，在远方，有那么一棵树，安宁而又执着，默默守护着我的童年与记忆中的故乡。

面　馆

孙婉书

　　周末，闲着无事，从崇安寺逛到了城中公园。再一回头，看到拱北楼的招牌，心想也差不多是午饭时间了，便拉着妈妈走了进去。

　　过会儿，面上了。一碟雪菜肉丝，一碗拌面，伴着催人开动的热气与香味，被服务员端了上来。我拿起筷子，夹起一筷面条，吹了几口，便将面放入嘴中，一股熟悉的味道传来，依旧是当年的味道。一咬下去，无锡拌面独有的浓郁便拌着葱油在口中漫开，依旧带着点儿无锡特有的甜，软而不烂，滑而不腻。再一尝附送的清汤，带着葱花香气的汤汁溢满口腔，紫菜在口中游走，一种闲适与满足便回味在其中。一瞬间，回忆将我拉回从前。

　　也是在这样晴朗的中午，外公、外婆带我游完城中公园后，就把我带到拱北楼吃面。当时怕是才上大班，有些急性子，刚端上的面，总会被我夹起一大筷塞入口中。在外公、外婆的提醒下，呼几口热气，露出一个满意的笑容。许是外公、外婆在江阴的缘故，每次吃面，他们总会称赞这面的老味道，也从来没有说这面甜的。从小到大的饮食习惯，我也渐渐习惯了糖的加入，这样的一碗面，便是我童年的回忆。

现在再吃上这碗，味道一如从前。面和我的相遇，好似一对老友重逢时的情景。吃着吃着，不经意地抬头一瞥，如今的面馆竟有些旧了，墙上的漆有些掉落。伴着墙上白漆的掉落，一块一块的霉块便裸露在外，散发着一种岁月的味道。许是经营不怎么好吧，现在的拱北楼和记忆中的相比，竟有些小了。服务员也都换成了大妈，口音也从当年的普通话变为了如今地道的无锡话，这个老面馆客流渐少，还是老人居多，如九年前一样，从来没有变啊！想这繁华的城中心，各类美食店铺皆在其中。渐渐地，肯德基、必胜客变得洋气，时尚的装潢、可口的美食，受到了越来越多的人的追捧。一份比萨、一块鸡排，同样的形式，却衍生了许多种不同的口味儿。即使是吃不惯辣的无锡人，也会因为比萨出了新的口味而去看看。相比之下，老面馆就显得单调了。多年不变的装修，有着霉块的白墙，以及根本没有怎么变过的无锡面食，在这个愈加看重创新的时代显得格格不入，甚至有些突兀起来。可是，真的是这样吗？不，并不是，无论如何，我们都不应该抛弃传统，抛弃无锡几百年形成的饮食习惯。

　　吃完面，走出拱北楼。面馆竟在这说大不大的城中公园突然渺小起来，像一叶小舟，在巨浪的风尖上奋力前进。

　　愈加繁荣的城中心，希望能留给面馆一个角落，留给无锡人一个饱含回忆的味道。

秋风乍起，冷桂飘香

张端阳

　　入夜，凉风肆虐过大地，一片静寂的黑夜笼罩着大地，人们早已沉沉睡去。微凉的秋夜里，只余三两声蝉鸣。

　　"嘟……嘟……嘟……"

　　"喂，妈？嗯……今年，我们可能又回不去了……"妈妈紧张地咬着下嘴唇。

　　"……"姥姥姥爷那里沉默了良久。

　　我们像心尖儿被人狠狠掐住了一样，也随着寂静的电话沉默了良久。我们紧张地等待回应，毕竟是我们不该，丢下他们几年，对何时能团圆也是只字未提。

　　出乎意料的，"没事……不回来也没事，你们不用担心我们，反倒是你啊，注意自己还有孩子们，天冷了，要注意给他们加衣服啊！"

妈妈说不下去了，慌忙把手机塞给我，嘱咐我陪着姥姥聊一会儿天，短暂的话语里，我听到了心酸的哽咽。我一边亲热地唤着姥姥，一边用余光去瞄妈妈：妈妈自从听到那句话就有点儿呆愣，傻傻地呆坐在椅子上，眼眶微微有些泛红，就在我以为坚强的妈妈也要落泪时，她猛地一阵激灵，吸了吸鼻子，手一把抹过眼眶，深吸一口气，似乎想借此来平复一下内心五味杂陈的心情。我和姥姥聊得很好，我正殷切地嘘寒问暖，椅子上的妈妈似乎有些坐立难安，没过一会儿，又扶额撑在桌边，好像在回忆些什么。

姥姥早已走了，道别之前还不忘再嘱咐我一遍"要好好学习啊，帮着妈妈照顾好弟弟，她工作也挺不容易的。"我慢慢走过去，将手机还给妈妈，妈妈没接，仍旧在发呆地坐着。那一瞬间，我竟对母亲产生了无比的心疼。于我而言，我也两三年没回老家去看望姥姥姥爷了，何况妈妈？我这才觉得我应该好好审视我所忽视的。

细细想来，每到假期，妈妈总会轻叹。轻叹些什么？我想无非是"又回不成了……"的哀怨和心酸。她总是有很多顾虑抛掷不下：学业紧张的我，年幼调皮的弟弟，漫长的旅途，短暂的假期……这些都成为妈妈回姥姥家的"拦路石"，总是成功地一次又一次阻碍妈妈回家的路。她也极少抱怨，她爱把每次心中的不满和怨怼当成玩笑一般，笑嘻嘻地调侃着。不是没问过她为什么不责备，不抱怨，她云淡风轻地说："有什么好抱怨的，每天忙死忙活，供你们俩吃穿，哪有时间来任我在这扯这些呢？"谁又知道，这看似无所谓的调笑话语会不会包裹着难言的心酸？像梨一般。我想，会不会他们每次这么说，其实都是满怀期待的，都希望我们之中的任何一个恍然大悟："哎！我也好久没看望他们了呢，要不，我们抽空回去一趟……"

她的小期待从没实现过，每次我们都像对待真的玩笑一般。就像远在千里之外的姥姥姥爷一样，期待每次的通话里，听到得并非家常的嘘寒问暖，哪怕是一句简单的，张口就来的"我们后天就回来"。

我再次看了看妈妈，她早已捋起袖子在帮我的弟弟洗澡。窗外，秋风呼啸，吹黄了一树繁花，吹寒了几人的心。猛然，袭来一股冷冽的清香——桂花开了。万物即将陷入沉眠的时节，她仍傲立在风中，鼓送一波波暗香……

今夜秋风乍起，冷桂飘香十里。但愿世间人能长久，千里共婵娟。

鸡 鸣

方嘉芸

女曰鸡鸣，士曰昧旦。

我斗胆想象：太阳的曙光从海的尽头轻轻投向大地，似母亲般怜爱地揭开黑色的幕布，抚摸着公鸡松软的羽毛，叫唤起床。公鸡庄严地站在天空下，朝即将显现曙光的天空，高亢长啼："喔喔喔——"那鸣声划过天际，打破沉睡的宁静，星星依依不舍退去了，太阳千呼万唤出来了，公鸡沐浴着金色的曙光，召唤来了新的一天。人们也纷纷起身，男耕女织，炊烟袅袅，一切苏醒。

仿佛此时真有一声高亢的鸡鸣划过苍穹，传入我家，精神为之一振。

多么纯真的鸡鸣。

只可惜想象终归于想象，与现实大相径庭。家后有片童年时代般的私房，粉墙黛瓦，很多小路还是用青石板铺成。房后是小花园，园后是一大片菜田。有些人家养了一些牲畜，屋檐下还有罕见的燕巢，算是现代的"桃花源"。我暗自欢欣：这不就是我最向往的自然吗？我的精神家园，虽不身处其间，足以滋润心灵。一日，睡梦中忽听到一声鸡鸣，猛地惊醒，我再次受到自然哺乳，惊喜之情难以表达，精神大为愉悦，想起古人"闻鸡起舞"，便早早起身。然后不久鸡叫、犬吠穿透双层玻璃，被惊醒的狗追赶着鸡，鸡惊恐地扑打翅膀，一片嘈杂。我埋入枕头，闻自然天籁之音，恐怕这辈子无缘呀。

　　能看到会打鸣的鸡，实属不易。周围的邻居把听到鸡鸣当成一种享受。或许是能唤起沉睡在深处的记忆，或是喃喃燕语，或是沉沉蛙鸣，或是唧唧虫声，那些联系起人与自然的美好事物。

　　生活在现代的人，可怜又可悲，社会似飞轮，不停转呀转，超速前进，但身后的古典之美去哪儿了？浑然不顾？鸡鸣有无，是不会影响鸡蛋产量、鸡肉价格的起伏，所以无所谓、无所畏。这就是人类的可悲之处。踢开、抛弃"不需要"的事物，只顾眼前利益，花几倍的代价赚钱、发展，当人类意识到时，都晚了。许多美好事物都一去不复返了，于是人类又去补建、修复、仿造，如此进入一个死循环。为什么等到失去了才珍惜呢？挽救的成本远远高于原生态的代价。更确切地说，原生态是免费。若是有一天，人类生活在一个翻新、仿造的世界，还能感受到

发
现
世
界
的
眼
睛

古朴的原始之美吗？

不负天，方不枉生。

我想拥有一个清晨，有清新的晨露，有初升的朝露，有渺远的鸡鸣，在生命的每一天。

仰望蓝天

杨雪晨

　　那是一匹狼，一匹强壮的狼，一匹令人同情的狼。

　　是在动物园里。与其说与它相遇，不如说是我去看它。动物园里的动物不只有这一匹狼，比它更稀少、更珍贵的动物还有很多。看着笼子外面拥挤的、吵闹的人群，不知它在想什么。抬头仰望笼子外的天空，仰天长啸，"嗷呜——"这一声长啸吸引了所有人的注意，纷纷拥到笼子前，引逗它"再叫一声"。有调皮的孩子攀在笼子外面，甚至把手伸进去想要摸它，对强壮的它毫无畏惧。而它，对人群充满了不屑，信步踱了回去，人们见它这样，也没趣地散开了，眼前一下子就宽敞了许多。我想那是它发自内心的一声长啸，那么悲凉，那么凄惨，听不出一丝狼所应有的气势与豪放，可它看起来是那么强壮……

　　人都走光了，我一人仍在原地，它转过身来，环顾四周，发现了我。我与它四目对视。第一次发现，狼的眼睛也可以如此透彻，在它蓝色的瞳仁里，我看到了我，还有一层坚固的铁牢笼。静静地，它又抬头望向天空，从它的眼神中，我仿佛读到了什么。也许，以前的它是生活在山林里的，过着自由自在的生活，每天凭着自己的能力捕杀猎物，能尽情地在林间飞驰，虽然，可能不会每顿都能吃饱，但它是自由的，是快乐的。我抬起头，望着蓝天，想象着，月圆之夜，它伫立于山头，俯视一切，那应该称作凛然王者之风……

而如今，它却是在笼子里，是一只每天被人观赏的玩物，不受尊重，失去自由。是谁，是谁让它变成这样？是人类。可是，人类凭什么剥夺了它的自由，它也是一条生命，怎么可以那样不尊重它？怎么可以？人类只是这世界的一部分，而不是世界的全部，把它关在笼子里，是真的为它好吗？

我明白了，它仰望的天空，是它向往的自由。

味 中 之 味

余吉玉

　　"麦芽糖嘞，麦芽糖嘞，童年的味道哟！"听哪，一声声吆喝声在我的耳边回荡，是啊，那是童年的味道！

　　小时候，和奶奶一同住在家乡的四合院里，那时，家乡的生活不是很富裕，全凭奶奶的劳作。

　　家乡的孩子最爱吃的就是麦芽糖了，从远方十里外都能听到一声接着一声的吆喝声。那时，全村的孩子都会争着跑着去抢。秋后麦收时节，总有卖麦芽糖的。卖麦芽糖的多半都是中年妇女，挑着担子，走街串巷，一路上，用一面小锣叮叮当当地敲打着，小锣的声音在幽深的巷道里悠悠地回荡着，每天听到这声音，小孩子们的心里边像猫抓似的一样蠢蠢欲动。

　　还记得第一次吃麦芽糖时，还是我向那个妇女要的，家里省吃俭用，不花一分冤枉钱，这时候我往往会去缠着奶奶搜遍家里面的每一个角落，找出牙膏壳、破旧的拖鞋……交给卖糖的人，便怀着激动的心情默不作声地站在一边，眼巴巴地看着她揭开担子里面那圆圆的铁皮盒子的盖子。里面仿佛盛着一盒宝藏，金黄金黄的，沾上了厚厚的白色的粉。她一手拿着小棍，一手拿着铁皮，小心翼翼地敲下一块，小馋猫们便如获至宝一般迫不及待地咬下一点点来。这糖极黏，这么一咬，会牵出很细很细，很长很长的糖丝，丝丝缕缕，在随风飘荡的细丝开始，让甜蜜香滑的糖丝由上而下，由少到多地送进嘴里面。那个才叫香！吃完了，沾上一手甜味儿，再躲在一旁细细地将手指舔来舔去。

从那以后，奶奶每天劳作完就开始绣花，开始做一些针线活，绣完就卖，种了一些菜也拿到集市卖。每当夜深人静的时候，奶奶总是熬着夜点着油灯，穿着薄薄的衣服又开始做。奶奶眼睛不好，在夜晚，几乎一片漆黑下，仍坚持做，总会一个不小心扎破自己的手。

第二天，奶奶上集市，总会给我带麦芽糖，我总是舍不得吃。有时，我会拉着奶奶的手说道："奶奶您也吃。"可是奶奶每次都会摇着头："小馋猫，你吃吧。"这时，我看到奶奶的手上已被针扎破了好几处，刹那间，我的心好疼好疼，奶奶在无数个夜晚为我熬夜，就是为了买一袋麦芽糖给我。麦芽糖甜甜的，在我的嘴里慢慢地流到心里，味道久久不离去。

是啊，那是奶奶不辞辛苦给我换来的，在那份甜甜的滋味里，我尝出了辛苦，尝出了奶奶对我的爱。那种爱是不朽的，永恒的，久久不会散去的。

　　"麦芽糖嘞，麦芽糖嘞，童年的味道哟！"听哪，一声声吆喝声在我的心里回荡，是啊，那是奶奶的味道！

成长，也需要尊重

姚心怡

成长路上，难免受伤。你不尊重我，要我怎么坚强？

我们渐渐长大，父母渐渐苍老。于是，一条代沟隔开了我和父母。我不愿意把所有的心事说给父母听，父母也不像小时候那样相信我。不相信我所付出的，不相信我所坦白的。

炎热的下午，闷热极了。看向窗外，阳光格外刺眼。随手拿了个苹果啃了起来。忽然听到我的房间里传来一阵轻微的响声。我愣了一下，该不会有贼吧。现在大白天的，还有人敢偷东西？我轻轻走到房间门口，把门拉开一条缝。我看到那个人在我上了锁的柜子里翻着什么。我推开门，那人回过头。我手中的苹果掉在了地上。我瞪大眼睛，呆在原地，不敢相信那个人就是我妈妈。妈妈显然没有想到我会回来。"你在干什么？"我抱着最后一丝希望问，千万不要是我想的那样。"我……我这是关心你。"妈妈振振有词地吐出这样一句话。阳光射在那把打开抽屉的钥匙上，刺痛了我。失望的冰冷滑过心间，很冷很冷。"你不相信我吗？"我问。妈妈叹了口气走向门口，"你整天在写些什么呀，影响学习，越大越不懂事了。"我对着妈妈大吼一声："你根本不尊重我！"重重地把门摔上。走到抽屉旁，把里面的东西都倒了出来，却一样也不舍得扔掉。

窗外的阳光还是那么刺眼，我拉上窗帘，坐在床上。泪顺着脸颊滚落下来，一滴，两滴，湿润了床单。原来，你从来就不相信我，从来就没有尊重过我的感受。忽然，我们家的猫咪奶昔跳到我身上。"奶昔，为什么他们不尊重我？""喵。""那，我该出去跟妈妈说清楚吗？""喵。""嗯。"我想了一会儿，向门走去。我放下奶昔，推开门。门外一片寂静。妈妈不在，只是在茶几上多了杯茶，杯子下面压着一封信。我走过去，端起杯子喝了一口。是加了糖的苦荞。我喜欢喝这个，原来妈妈是知道的。

我拆开信，上面有几行熟悉的字迹：宝贝，我给了你自由、金钱、快乐，妈妈不懂你还要什么呢？我苦笑一声，提笔在下面写：妈妈，谢谢你给我的这些，但是尊重对我也很重要，您能给我吗？

起身拉开窗帘，窗外，阳光明媚。成长路上，总会受伤，成长路上，也需要你的尊重。

心中久藏的味道

清明节的思索

匡重非

　　清明节是一个伤心的日子，站在逝去亲人的碑前，心里充满怀念。总在亲人去世后，念起他们种种的好，后悔他们在世时没有好好孝敬他们。可是后悔却没有用了，再也见不到了。即使知道这点，依然有许多人，不珍惜，不爱护，失去后再后悔，想念。

　　回家的路上，看到一只小小的麻雀，蹲在一根枯枝上，静静地，一声不发。它像一座雕塑，一动不动，那小小的眼珠，没有焦点，空洞地望着远方，那渺小的身影，那么孤单。看到了什么，又或是想到了什么？斜阳把淡淡的光洒在它身上，在地上投下一个寂寞的影子。麻雀不总是叽叽喳喳叫个不停的吗？这时却这样沉默，难道只因为今天是清明？仔细想想，好像很久都没有见到麻雀了。小时候，大片场地上晒着麦子，驱赶麻雀便是最好的游戏。一大群麻雀纷纷扑下来，争先恐后。我们在场上奔跑着，刚赶走这一只，那一只又飞下来。当我们跑不动的时候，他们也都吃饱，心满意足地飞走了。可是这成群结队的小精灵，现在见到一只都是幸事，见到一群更是少之又少。这原本随处可见，最普通的小鸟，竟变得这样稀少！还有那在屋檐底下成长，筑巢，生儿育女的燕子；那叫着"布谷布谷"催促农民播种的布谷鸟，如今也都不愿露脸，不知藏到了什么地方。

家乡那片场地，早已被林立的高楼替代，那些瓦房、泥土、树木也早就不见了踪影。人类把手伸向了每个可以触及的地方。在这被人充斥的喧闹的环境，它们怎会停留？越来越多的人走出城市，去听鸟语，可当他们沉醉于鸟鸣声中的时候，不知有没有听出生活的无奈，听出对自由的渴求？

当渡渡鸟、斑驴、袋狼这一个个令人心痛的名字被列入确认灭绝的动物的名单，我们的心中是否有一丝颤动？当未来，这个不再美好的地球上只剩下人类，我们会不会感到孤独？那时的清明，会不会有人站在消失的生命的墓前忏悔？

远远地，看到有几个孩子围在一棵树苗前，土还是新的，树应该是他们种的吧，他们脸上带着天真的笑。啊！未来的希望应该在他们的手里，在我们手里！从我们做起，生命会快乐地生活在地球的每一个角落，生命会永远在一起。

从现在做起，让未来的清明不再后悔。

为 你 担 忧

陆子铭

其实，你我本来是毫不相干的两个生命，但在那天后，我忍不住为你担忧。

在我去学校的路上，有一排树，虽然已经算是春天了，但树上仍是光秃秃的一片，一点儿都没有春天应有的勃勃生机。旁边是一片正在施工的小区，突兀的钢筋水泥，几辆沾满泥土的卡车，高耸的楼房，显得这一片格外的冷清。

我坐在车上，漫不经心地朝外看，除了车、房子、光秃秃的树，没有别的什么了。突然，我在一棵树上发现了一个鸟巢，一只小鸟正站在上面，不时地戳弄一下鸟巢，好像想把这个有点儿荒芜的地方作为自己的家。看着它忙碌的身影，我不禁笑了起来，这小东西真是精力旺盛啊，能凭自己的力量搭了这么一个大鸟巢。唉，小鸟啊，你不知道这儿在修地铁站吗？旁边又是一个正在施工的小区，你又没有伴，到哪儿去找水和食物啊，万一哪天人们需要用这片地了，你辛苦建造的巢不就没有了吗？生活在这儿，万一哪一群孩子一时兴起，把你的巢打落了怎么办？我开始为你担忧，你没有看见旁边的一个鸟巢吗？那就是前车之鉴！你真应该搬到公园去，不，公园里也有顽皮的小孩儿。你应该搬到森林里去，不过，哪儿才是森林？

我又想到了我家附近的一片桑树林，以前，那儿是小孩子的乐园。我也喜欢在春天的时候，和妈妈、奶奶一起去那里采桑葚。可现在，那里已经是一片工地了，钢筋水泥取代了碧绿的桑树林，真是令人惋惜。

现在，越来越多的土地被人们占领，城市扩张的速度非常快，这怎能不让人担忧呢？今天的这只小鸟，不就是这样的一个例子吗？我不禁疑惑，难道我们发展，就一定要以牺牲自然环境为代价吗？

可怜的小鸟啊，哪里才是你真正的家？什么时候才能不让人为你担忧呢？

我长大了

蒋晨恺

回忆孩提往事，似乎都是你为我担忧，但那一次也轮到我为你担忧。

刚从妈妈手机里听到你的脚被铁钉扎到的消息时，我的心揪了起来，不禁为你担忧。

一到家，我立马冲到你的面前，抱着你那包扎得比原来大几倍的"大脚板"，心疼地嚷道："怎么样，爸爸，你的脚还疼吗？要我给你揉揉吗？"你连忙摆手，"不用不用，已经不那么疼了。要是你再揉，我这只脚又要大上几倍了。"你呵呵地笑了，脸上露出淡淡的幸福的微笑……

对于我这个早上喜欢睡懒觉的人来说，休息在家的日子没人来叫我的话，我一般是不会自动醒来并起床的。可那次我第二天一早就醒来了，我担忧你是不是急着要上厕所。我毫不犹豫披上外套，滑下了床，双脚套上了拖鞋，两步并作一步地跑到了你的房间。当我发现你已穿好衣服，坐在床上看电视时，我的心才放了下来。随后，你奇怪地问我怎么起这么早，我轻声说了一句："还不是为你担忧！"你听了又是呵呵地一笑，脸上又露出淡淡的幸福的微笑……

正在写作业的我忙中看了一下时间，却发现已到了中午。我又为你担忧起来，不知你是否已经饿了。走到你的房间，发现你竟抬着一只脚，扶着桌椅，艰难地单脚跳向电饭煲。我一下生气了，忙不迭跑到你身边，将你轻轻扶住。我"批评"道："要吃饭怎么不叫我，怎么能一个人随意走动，万一摔了怎么办？"你望着我，愣住了，随后眼中流露出抱歉和委屈。霎时，我意识到，你我之间仿佛换了身份，你成了那个挨批受罚的我，而我却成了那个常常为我担忧的你。

我给你盛了一碗红豆粥，送到你的面前。你狼吞虎咽地吃着，我就这样静静地看着你。想起曾经你为我生病而担忧，整夜未合眼；想起你曾经为我学习而担忧，严厉地痛斥我；又想起现在的你和现在的我，冥冥中觉得肩上多了一份责任。

或许担忧是会转移的，就如曾经你之于我而今我之于你。

桑榆嫩叶

徐孜翀

我一直想写写爷爷，他是个很有"劲儿"的老人，他在我心中永远是一棵树，虽然斑斑驳驳，却还一直不停地冒着嫩叶、绽放生机。

我的爷爷是个精力充沛的老人，他不会用电脑，不会发邮件，不喜欢搓麻将，不喜欢打牌；他烧得一手好菜，热衷于篆、隶、行、草的书法，热衷于之乎者也的诗词创作。他常笑说，小时候没有好好学习，现在老了，想学些诗词书法，费工夫得很。

为此，他写了一首似是自嘲的诗：

翰墨情缘

书到用时方恨少，暮年尤悔自孤高。

结缘翰墨从头越，七十书诗舞彩毫。

爷爷不像奶奶那样唠叨，他喜欢安静地读书、写字，毛笔和纸就是他最好的伙伴。我总觉得他的诗妙不可言，就像这首：

迎二〇一一年元旦

春申除夜彩霓浓，远眺沪淞夷隐踪。

岁月有情思万缕，江山无限意从容。

爷爷曾经写过一篇自传，大概有几千来字吧，他费了很多心思去学打字，在电脑上以龟速中的龟速拼出了一段不完整的自传，我曾想暑假有空时，听他口述，帮他拼出一本完整的自传，他对此却笑而不语。

我从大班起开始学书法，爷爷似是对书法颇有兴趣，总要在一旁指点我写字。那会儿我们常常为了几个字的笔画而拌嘴，不过我现在也算学会了隶、行、楷三种书体，得到了十级证书。算起来，也属爷爷功劳最大。

上了六年级，伴我走过童年的琴棋书画渐渐被我冷落，爷爷却在上海师范老年大学报了书法班和诗词赏析创作班，起劲儿得很，每次回来都和我们大谈诗书，一说起来就是口若悬河、滔滔不绝。说到这里，我总是要引以为豪：上老年大学都是有文化之士，互相以"老师"相称呼，爷爷小时候没有刻苦读书，底子较薄，可凭他的认真劲儿，也很受尊重，老师常常称赞爷爷书法浑厚，诗词精炼。可那老师哪知道，爷爷在家里下了多少工夫！他写书法，买了几十叠厚厚的练字的纸，一个字要写上几十遍，才挑得出一个满意的；他作诗词，为了查一个字的用法要翻上好几本字典，花一个下午，大家笑他太认真、太较劲儿，我每每听说，总是大叫："爷爷，我教你用电脑，那就省事了，只要把你要查的字打进去，马上你要的就出来了！"爷爷总是笑道："这年纪了，电脑用不来的。"我只好作罢。

有一次，爷爷从上海回来，兴致勃勃地给我带来一本书，是他们老年大学诗词创作班自己办的习作选，名为《桑榆嫩叶》，浅茶色的封面，有古朴之美。

乍一看书名，"桑榆嫩叶"取得真是妙，老桑树、老榆树冒出了新芽，有一种老而不服老的感觉，每每一看到，马上就想起了爷爷。这书中有诗有词有联有曲，也刊登了爷爷的好几篇诗词书法。其中爷爷为我创作了两首诗，其一是为我从苏州赴无锡上学而特别创作的：

送孙女赴无锡求学舟中相勉

浩渺烟波一叶舟，梁溪汩汩竞风流。

人生磨砺须勤俭，雪案萤窗争上游。

这首诗写成书法作品后，就一直挂在我的卧室里，睁眼就看到。"争上游、争上游"，每次我读到这里，总是回味无穷。还有一首词，爷爷有感而发，写了送给我：

鹧鸪天·赠孙女

九八初秋孙女添，依依八载绕堂前。

唐诗吟诵声稚昵，书画琴棋颂圣贤。

求真谛，自扬鞭，年华豆蔻敢争先。

亭亭玉立露尖角，成龙成凤万卷间。

遇到困难的时候，我总是会想起爷爷，想起他的诗，这些神奇的文字一直激励着我，让我坚定地走下去。

我 的 奶 奶

焦乐静

稀疏而又花白的头发如同一朵木棉花在风中飘动，那如树皮般干燥枯黄的皮肤上，一道又一道深深浅浅的皱纹写满了岁月的沧桑。然而她日益佝偻的后背、日渐矮小的身躯却始终如一地在我心目中像巨人般屹立着，她，就是我的奶奶。

奶奶把我从小一直拉扯到大，所以幼时的记忆里，总有她的身影。

春天，奶奶拉着我的手，带我到地里播种，教我如何将种子埋进土里，教我念"春种一粒粟，秋收万颗子"。

夏天，在阵阵蝉鸣中，奶奶坐在树荫下，比着我的身体缝夏衣。有时会开玩笑说："又长胖了，当心以后嫁不出去。"我便咯咯地笑着，看着一针一线在布里穿梭，想象着衣服缝好时的惊喜。

天气渐凉，奶奶将从地里收获的稻谷磨成面，做成香喷喷的大饼，和我一起挎着篮子，挨家挨户地给邻居们送去。回家后，奶奶却只是开心地吃着两块烤煳的饼子。

然而，给我印象最深的还是冬日里奶奶给我煮山芋的情景。

奶奶将山芋的皮仔细地削掉，切成一小块一小块，和米一起倒进锅里。我眼巴巴地望着，听着锅内"噗噜噜"的响声。每逢这时，奶奶就坐在椅子上，微笑着看着我，仿佛在欣赏一件艺术品。不一会儿，奶奶起身关火。打开锅盖，一阵白气冒了出来，奶奶吹开白气，偏着头，眯着眼，一手拿勺子，一手拿碗，从锅里盛山芋。香味弥漫，我迫不及待地拿起勺子。此时的山芋，软而不烂，一块一块金黄金黄的，和一同煮的米一起，像满满一碗黄金白银，看着令人舍不得下口，吃起来又没个够。只需一口，那味道就挤满你的心里。奶奶坐在我旁边，一边笑着说我是馋猫，一边帮我擦去嘴角的残汤。多少年过去了，每当我记起这段往事，脑海中总是一遍遍回放着奶奶那因为水汽而挂满露珠的白发，那满眼荡漾的慈爱，那笑起来如同花般绽放的皱纹，与那白气盖也盖不住的慈祥爽朗的笑声。多少个冬天，只要一想起，就不再觉得寒冷。

春夏秋冬，四季轮回。然而，不变的是奶奶对我的情，对我的爱。它在风中叮叮作响，伴我走过一年又一年。

平凡中的美丽

何 叶

我本以为，美丽只属于童话与伟人。而那一次，我却在平凡的画面中发现了美。

那天是大年初一，全家人在爷爷家吃午饭。可到了饭点儿，我却发现爷爷奶奶不见了。我起身寻找，在通往后院的路上发现了他们。只见爷爷吃力地搬着一条长椅，步履蹒跚，奶奶在一旁轻轻挽着他，嗔怪道："都这么老的人了还像小孩子一样逞强，非要自己搬，硬是不让我帮忙。"可奶奶脸上却露出藏不住的关心与爱。

爷爷将长椅搬到了后院靠墙的地方，两人一起坐了上去。爷爷喘着气，头上冒出了些许汗珠，可布满皱纹的脸上却出现了孩子般的笑容。奶奶好像被这可爱样打动了，伸手替他拭去额头上的汗珠，又轻轻拍着他的背，带笑的眼睛勾出了一道道鱼尾纹。

他们靠着墙，爷爷自然地将手覆在了奶奶干裂通红的受伤的手上。渐渐地，他们的眼神开始迷离，嘴角也微微上扬，脸上的线条变得十分柔和，好似陷入了回忆。阳光轻柔地投在他们身上，勾勒出他们的轮廓，在他们周围布上了一层橘黄的柔和的光晕。阳光毫不吝啬地填补了他们脸上的每一道皱纹，仿佛这样就能填补他们早已逝去的青春。

　　此时此刻，他们不再是我的爷爷奶奶，而是一对平凡的夫妻。风儿将他们的呢喃细语送到我的耳边，好像一曲古老的歌谣。包含着浓厚感情的热流将我包围，那是一种超越了爱情，近似亲情的爱，是一种经过了岁月的磨炼而沉淀下来的相濡以沫的爱。这份爱让他们瘦弱的身躯里透出动人的光彩，展现出别样的不可亵渎的美。看着他们互相依偎的身影，我的心也仿佛沐浴在阵阵暖意阵阵感动中。

　　我永远忘不了这幅画面，爷爷奶奶在阳光下互相依偎的平凡的身影，将会在我心中留下不平凡的、永恒的美。

一碗姜汤的味道

周 雨

姜，微辣，可入药，具有暖胃功效。

窗外淅淅沥沥飘着些小雨。我独自一人在房间里，揉着疼痛的肚子。早晨起床，肚子里就翻江倒海，好像有无数根针在扎，又好像被人紧紧地揪住了一般。疼得我心都快停止跳动了，额头上冒出了一层密密麻麻的小汗珠。

怎么办？妈妈又不在家，爸爸又在书房里办公，谁来照顾我呀？我只好咬紧了牙关，心想，挺一挺就过去了。可是我的肚子好像在与我作对似的，越来越疼，我只好侧躺在床上，把身子缩成一团，来减轻疼痛。

"周雨，帮爸爸拿一卷胶过来。"书房传来了爸爸的声音。"嗯？怎么还没来？"过了一会儿，见我还没去，爸爸的询问声中似乎带着些急切。随着爸爸脚步声的阵阵"逼近"，爸爸几乎是"闯"进了我的房间。他把我扶了起来，一只温暖的手托住了我的肩膀，另一只手帮我把额头上的汗珠抹了去。他的眉头紧锁，双眼中的焦急与不安似乎要溢出来了。

他轻轻地问我："是哪儿不舒服吗？胃疼又犯了？"我咬紧了嘴唇，点了点头。

"那老爸去帮你煮姜汤喝，先暖一暖胃，好吗？"

"不用了，过一会儿就好了。"

"这怎么行？你先躺一会儿，姜汤马上就烧好。"我想说的话还没来得及吐出来，爸爸又急匆匆地"闯"了出去。

我忍着疼，走下了床，蹑手蹑脚地来到厨房。只见爸爸将他高大的身躯弯了下来，右手笨拙地拿着刀，左手轻轻地按着一块生姜，慢慢地、小心翼翼地将生姜切成薄薄的片儿，一片一片晶莹剔透，像是用尺子量好再切的，那么规整。锅里的水煮开了，他把姜片放进去，再放上些许红糖。可能是放得太快了，有不少水溅了出来，烫在了他的手上。此时，我是多么想上去帮他揉一揉，吹几口"仙气"，缓解一下他的疼痛。可是，自己脚下像是生了根一般，不能动弹。我赶忙回房，仰躺在床上，强忍着在眼眶里一圈一圈打转的泪水。可我一闭上眼，两行眼泪就顺着眼角淌过耳朵，最后被床单吸收。

爸爸端着姜汤进来，执意要喂给我喝，我只得顺从了他。红红的姜汤里飘着几片姜，热气腾腾。爸爸舀了一

155

勺，轻轻地吹了吹，送进了我的嘴里。大概是姜放多了，辣味儿很浓，很冲，我险些咳了出来。爸爸似乎察觉到了，忙问我辣不辣，我摇了摇头。此时，两个身影，一个在细心地喂，一个在慢慢地喝，一碗姜汤将我们紧紧相连，周围是暖暖的爱，将我们包围。

　　一碗姜汤喝下去，全身都暖暖的，嘴里弥漫着一股姜味儿。爸爸见我喝完了，露出了会心的笑。我看着他的笑，眼泪再次溢满眼眶，千言万语，此刻，竟无语凝噎。

　　姜，微辣，包含了暖暖的爱……

感受第一次

詹瑜雯

泡一壶茶，轻轻吹开浮沫，让浓厚的茶香弥漫在空气中，品着那苦尽甘来的滋味，我不由得想起了叔叔的那一壶清香的茶。

那个周末，我沮丧地坐在家中，好无聊啊！抬头望望窗外，天空也一样的面无表情。

叔叔拿着新买的茶具，邀请我一起品茶。

我耸耸肩，一副无精打采的样子。"品茶？"我在记忆库里搜索了好久，都没有找到这个词语。

思考之余，叔叔忙活开了，他将茶具摆在茶几上，拿起刚煮开的热水壶，烫了一遍茶具，然后往泡壶里放茶叶，倒进热水中洗了一遍，再把水倒掉。茶香随着蒸气，飘进我的鼻腔，我来了一点儿精神，坐直了身子。叔叔再次往泡壶里倒入热水，原先干瘪的茶叶膨胀起来，仿佛想要舒展成一片叶子的模样。叔叔把茶倒进小杯里，茶淡青透明，飘着清香。

我从没尝过浓茶，以前都是把茶冲淡了喝的，这是个什么滋味呢？我急急地端起杯子，心里迫切地想要把这股清香纳入嘴里。我用力吹了几口气，稍稍吹散了杯中的热气，便急切地饮了一口。出乎意料，我的舌尖接触到的是苦涩的信号，我的眉毛立刻蹙成一团，面部表情痛苦不堪，连忙放下杯子。"好苦啊。"我抱怨道。

叔叔笑着，慢条斯理地往泡壶中注第二趟热水，茶叶在水中舒展成一片片碧绿的嫩叶，随着水的翻滚而翩翩起舞。

叔叔把我的杯子倒空，把茶慢慢倒进杯中。那股清香似乎有增无减，更加醇厚。他把杯子递给我，眼中充满期待，"来，再试试。"

我犹豫着，叔叔却一再坚持，"你再试试。"

我不得不接过杯子，轻轻抿了一小口，舌尖快速掠过一丝苦涩，留下一种甘甜的味道，仔细品味，满嘴留香，我不禁一脸诧异。

叔叔喝一口茶，意味深长地对我说："茶道如人生，第一口也许是苦涩的，但只要敢于品尝第二次、第三次，你就会发现，苦涩背后暗藏着甘甜、芳香。"

我豁然开朗，向叔叔报以感激一笑，感激叔叔引导我品味人生。

一缕阳光斜射在淡青的茶中，茶色更美，茶香更浓。

那碗蛋炒饭，在我心中永藏

吴玲西

蛋炒饭，美味让我回味，因为那里面藏着一段让我刻骨铭心的回忆。它也是外婆的拿手好菜，香喷诱人，让人垂涎，那里同样有着让外婆不能忘记的回忆。究竟是什么样的蛋炒饭，能让两代人都难以忘怀？

那，便是令人心痛的蛋炒饭。夹杂着爱与恨、舍与怨的种种说不清、道不明的情。

还记得那个华灯初上的夜晚，听着窗外的袅袅人声，我的心蓦然地空了，却也平静了。

刚刚，就在刚刚，电话猛地响了起来，铃声在空荡的屋中回响，发出了一串又一串尖细刺耳的声音。倏然之间，我毛骨悚然，一阵寒流从脊梁骨一路攀爬，直入心房。

外婆地接起话筒，笑声戛然而止。还未等我缓过神儿，外婆已经走到了我身边，用手拍了拍我的脑袋，慈爱却略带疲惫地说："饿了吧，外婆给你炒蛋炒饭去！"

望着外婆的背影，我感到一阵莫名的不安，我悄悄地来到厨房门口，看见外婆倚着柜门，失声痛哭。看着外婆，我竟手足无措，只是呆呆地站着。一阵阵浓郁的饭香，缓缓地扑鼻而来，勾起我的食欲，袅袅地钻上我的发梢。蓦然，一滴水珠跃入我的视线。哦，那晶莹的泪珠从何而来，又为谁而流？我想，我有答案。

外婆笑吟吟地坐在我的对面，看着我大口大口地吃着，却不掩盖不了她那憔悴的模样。她的额头上布满了深深浅浅、纵横交错的皱纹。那双布满血丝的眼睛无力地看着，那一缕缕银丝刺眼地闪耀着，那么直接地就刺痛了我的眼。她强笑着说："怎么样？很香吧，我就知道你最喜欢吃我炒的蛋炒饭了，以后啊，我天天炒给你吃！"

其实，外婆不知道，那天的蛋炒饭很咸，很苦，很涩，大概是外婆流了太多的泪吧，只是那些泪珠儿都调皮地滚进了蛋炒饭里。我也知道，刚刚的电话是妈妈打的，打来告诉我们，外公去世了。其实，我什么都知道，但我唯一不知道的是，为何如此难吃的蛋炒饭，闻来却如此之香。它让我不由地为此心怜，为此心痛，为此心碎，为此流泪……

大概是我嗅到了爱的味道吧！

那碗美味的蛋炒饭，那份满溢的爱，在我心中永藏！

年 的 味 道

钱 昕

从小到大，我一直盼望着过年。

我们家过年有一个习惯，年总是在奶奶家过的。我很喜欢在奶奶家过年，奶奶家在农村，过年时总是相当热闹。做得一手好菜的爸爸从下午就开始准备年夜饭。他挥动着锅铲，炒菜时油发出"噼里啪啦"的欢快的爆炸声。从小时候起我便觉得这弥漫整个屋子的菜香味便是年味儿了。

稍大一点儿，突然发现年味儿还不止一种。饭后，小孩儿放烟火，大人看烟火。一些叔叔依旧坐在桌边，满脸通红地唠着家常，抽着烟，时不时喝一口奶奶家酿的盛在大碗里的酒，发出"嘶——嘶"的享受声。他们身边有刺鼻的烟味儿和清香的米酒味儿，也许这就是大人眼中的年味儿吧。户外，小孩儿们穿着各色的棉袄，拿着打火机在玩火。他们点上导火线，立刻"腾"地跑回来，捂住耳朵，望着一团火球"嘭"地蹿上天空，又"啪"地绽开一大朵灿烂的花。这时，空气立刻弥漫着硫黄的味道。也许这就是小孩儿眼中的年味儿吧。每逢过年，我都会深深地呼吸一下，让这年味儿带来的快乐达到我的身体的每一个角落。

如今，农村正以前所未有的速度飞速发展。楼房造起来了，遮住了星星和月亮的风采，取而代之的是不停闪烁的霓虹灯。

似乎什么都变了，过年的方式也变了。爸爸一个电话打到高档酒店，大手一挥："走，我请你们上饭店！"

饭店的迎宾小姐脸上挂着甜甜的微笑，可这份笑意却没有映入眼底，眼眸中映着大厅的金碧辉煌。在包厢里，爸爸一边忙用开瓶器开着刚拿上来的昂贵的葡萄酒，一边客套地说："大家都尽量吃，尽量吃啊，别客气。"

菜陆续上来了，气氛也热闹了一些，但谈的都是"我家换了新车，花了多少钱""我家买房了，一平方米要多少钱"之类的话题。

我深吸一口气，除了酒店纸巾带来的清香与男人们吐出的浓重的烟味儿，一切已荡然无存。

那片樟树林，在我心中久藏

华月田

时代飞速发展，座座高楼如雨后春笋般拔地而起。在这样一个钢筋混凝土的环境中放眼望去，难得能看见一点儿新绿，即使看见，也是那清一色的"装饰品"。而我，在这其中寻寻觅觅，终究一无所获，沮丧、心酸促使我的思绪飞到那一年春天，那一年阳光明媚的春天……

外公家住在乡下，那时老房子还没有拆迁，每家每户门前都有一片土地由各家自由支配，其他邻居家种的不是蔬菜便是水果，只有外公不同，种了一大片香樟树。那一年春天小树们没有辜负外公，都茁壮成长起来。兴奋的外公牵着我的小手去看树。

外公的手很大，很温暖，同时也很粗糙，一块块因打理树木而生出的老茧凹凸有致，抚摸着我白嫩的小手，感觉糙糙的，没有妈妈手上的那种香水味儿，也没有涂抹护手霜后的柔滑感。我心里感觉怪怪的，不舒服。

　　来到树林里，顿时一股独特的清香扑鼻而来，沁人心脾。这味道没有鲜花的那样浓郁，却比鲜花更有魅力，更吸引我。外公告诉我，香樟树的味道可以防蛀虫，所以用香樟树制作的家具不仅有着清香，更是长久不坏。那时，我还不能完全理解这话，却还是若有所思地点点头。接着，外公便会像变戏法一样从身后"变"出两张小椅子，安放好，然后祖孙俩相偎着坐在一起"谈天说地"，直到夕阳西下。在夕阳余晖的映衬下，一老一小，一高一矮，他们谈笑风生，时不时发出爽朗的笑声，使林中鸟儿也欢快了起来，翩翩飞舞，构成一幅多么和谐唯美的画面啊！

　　等到树再长结实点儿，外公便用一根粗长的麻绳和一块木板为我在两树之间搭造一个简易秋千。我在秋千上面，外公在下面。春风吹拂，浮现一张缺门牙的小嘴和另一张缺牙的嘴，无忧无虑，上扬着嘴角，浓浓祖孙情……

　　虽然现在游乐场有的是秋千，但那股刺鼻的油漆味儿令我作呕。

　　现如今，我们搬家了，人走了，树留下了……不知是被砍了拿去做家具了，还是被卖到城市做绿化了，不变的是那其中独特的清香和那一份浓厚的情感——外公的爱！

　　站在街头，车来车往，汽笛声，声声扰人，车尾阵阵烟雾无法净化，春风吹来刺鼻难闻，却隐约有樟树的清香。猛回头，不见樟树影。啊，原来那片樟树林一直藏在我内心的最深处，久久不曾挥去，久久无法挥去……

告 别 枫 林

吴锡雅

静静地望着眼前的枫林，细细回想爸爸说过的话"我想把你接到城里去读书"。听这话时我脑子里一片空白，我木讷地站在那儿，不知所措。此时我站在你——枫林的面前，一丝忧伤从心底升起，眼泪在刹那间顺着脸颊流下来。

你打我记事起便在这儿了，我很喜欢你，喜欢你"唰唰唰"的声音，喜欢你的颜色。你有着我的记忆，我的欢乐，我的悲伤，我的诉说。我已将你当作我生命中的一部分，可现在却要离开你，到城市去。我不喜欢那里，听爸爸说那里很繁荣、很好，但我却认为它不如你好，不是吗？枫林，你知道吗？这次来这儿兴许是最后一回了，因为爷爷奶奶也要跟着去，所以就不会再来这儿了，而我这次来是跟你告别的，不为别的，就为你。

心中久藏的味道

　　缓缓地走进你，眼睛不停地看着你，想要将你映入我的脑海，永远不灭。我不止一次地深呼吸，想将你的气味留住。一阵大风猛地吹来，我闭上眼睛倾听你那美妙、动人的旋律，多希望现在能有个录音机将这声音录下来作为永久的回忆。我又走向枫林深处，手不停地摸这儿的每一棵树，脑海里回忆在这儿玩时每一个片断，虽短小，但却欢乐、充足。你总让我享受到意想不到的乐趣，这也是我喜欢这儿的原因。想到这儿，我望了望天，已经不早了，该回去了，我仍依依不舍地望着你，因为我知道这一去不知何时才能回来，走出枫林，回过头看你时，惊住了，你变了。即将下山的太阳将它的余晖撒向你，撒向你的每一个角落，每片叶子被镶着一条金色的边，像皇冠一样，不，比皇冠还精美！此时的我沐浴在一片金色海洋之中，美丽，甚至还要更美丽。我笑了，这是你给我的礼物吗？谢谢了，现在的我只能想到这个词了，我将手伸向你，大声叫道："枫林，我还会回来的，一定，一定……"

　　现在离开枫林已经两年了，但我仍不忘你给我的一切一切。

　　枫林，再见！衷心地希望我们还可以再见。

那一段记忆

吴　玥

当老巷再次出现在我面前时，我已不再记得起它最初的容颜了，儿时的记忆，在尘封的厚重的石门后挣扎。在这离了人迹的深巷中，我还能找回过往的记忆吗？

缓缓踱入了巷中，巷口的灯已灭了，而又那么决绝的，连灯泡也碎了。喔，老巷，难道这么多年来，你都无法取得一丝光明和温暖吗？

"慢点儿！"一声温柔的嗔怪从幽深巷里传来，我们穿过了飘转的清风，散在空气中的饭菜香，在巷里嬉戏，追逐。巷口的灯仿佛又亮了，昏黄的灯光暗暗折射着温暖。母亲站在阁楼二层的窗旁，温柔地望着我们，不时地绽开笑脸。但这一切又模糊了，仿佛笼了一层细纱，迷迷蒙蒙的了。

微风萧萧，阁楼依旧，只是添了一层沧桑。刚才那是幻觉吧？四下一片寂静，只有我一个人，连一声熟悉的声音也没有，竟空荡荡的。亲爱的老巷啊，难道，你就在这沉浸了浓稠寂寞的萧索中落寞了这么多年？地上绝了孩子们欢腾的足迹，取而代之的是满地的落叶。耳畔响起了风拂过满墙的爬山虎萧萧地响，阁楼上剥落了朱漆的窗棂在吱吱呀呀不住地清唱，忽然觉得，在阁楼之上，檐角之下，蔓藤之间，那熟悉的容颜，迢迢地远了。

我害怕了，害怕老巷带走我的记忆。难道我珍藏了这么多年的回忆，就在这空虚的风中飘逝了？也许我得走了，当作不曾再来过，留住老巷一张永恒的笑脸，对于我也许是个安慰。而正当我挥手而又难舍地告别时，巷的深处，一点点亮了。

喔，是夕阳西下了呀。

儿时的笑声有力地穿透了素纱，从模糊变得清晰，远远地传来。尘封已久的大门打开，漫着爬山虎的清香，扑面而来。巷口的灯又亮了，暖暖地将光印在身上。过往的回忆如潮水般不可抵御，我记起了曾经的欢喜忧伤。迷离恍惚中，在阁楼之上，檐角之下，蔓藤之中，那熟悉的容颜又近了。

笑声渐渐隐去，清喉一啭，鸟儿归巢了。夕阳落在的巷口的尽头，暮光在巷子两旁的老房子上染色。那尽头的夕阳宛如当初巷口的灯，默默，缓缓，有力地辐射着温暖的光，萦绕着周身。

我走了，带着一衣老巷的气味，漫步着走进了夕阳的光华中。当我再忆起了这阁楼之上，檐角之下，蔓藤之中，老巷的记忆。老巷正绽放着特有的微笑，永世难忘。

风沙中的那队骆驼，改变了我的生活

范佳宁

> 黄沙漫天而来，透过浑浊的空气，我看到了
> 那队骆驼的剪影，那么坚定。
>
> ——题记

"这道题太难了，我不高兴做了。""外面风太大了，我还是窝在家里吧。"……这种种偷懒的想法是之前我的想法。然而暑假里发生的那件事彻底改变了我的生活。

暑假去敦煌旅游，谁知竟遇上了难得一见的沙尘暴。

凌晨四点半，站在"鸣沙山月牙泉"景区门口，感到一丝寒意。风，很大。我们一队人马在等着。终于进入了景区。天微微亮，隐约能看到一点儿东西，我们乘车来到鸣沙山脚下。风呼呼地吹着，卷起漫天黄沙，仿佛要把我

们吞噬，我小心地走在上山的"路"上。这"路"是由绳子和木条结合成的绳梯。好不容易登上了山顶，却被黄沙迷了眼。风愈刮愈大，黄沙被吹起半人多高。在山顶上站了一会儿，东方已透出光亮，我们断定今天是看不成日出了，于是决定下山。

黄沙漫天而来，丝毫没有减弱的趋势。透过浑浊的空气，我看到了那队骆驼的剪影，那么坚定。顿时我震惊了。那队骆驼那么淡定地走在沙漠中，不紧不慢，不畏惧风沙，迎风而去。虽然那队骆驼在我眼前只是一晃而过，并没有逗留很久，但它们留给我的印象却很深刻。骆驼自然有它们在沙漠中保护自己的器官，但是我也有可以保护的东西啊，口罩、帽子、围巾、防沙鞋套……可是我依旧不敢面对，不敢正视风沙。也许是我生在江南水乡的缘故罢，那里的候馆梅残，溪桥柳细，小巧婉约，透出小家碧玉的感觉。那里从没有风沙，也禁不起风沙。我不觉敬佩起那队骆驼来。

望着天，依稀还有明星的天，风沙似乎渐渐消失。我突然明白了，骆驼不畏风沙、坚强、坚定、勇敢、淡定、从容、迎难而上……这些品质不都是我们所缺乏的吗？如果我们缺少了这些品质，那么哪怕有再多的防御武器也是徒劳。

我不觉地挺了挺胸膛，迎着风沙走去……

心中久藏的味道

171

梦想，从这里出发

金雨婷

> 梦想，如一颗小小的种子，深埋在内心深处。或许一阵春风唤醒它，一场春雨滋润它，它便蓬蓬勃勃地生长，冲破黑暗，拥抱阳光。
>
> ——题记

随着烟花爆竹的召唤，我们走上了红地毯，那个令所有人梦寐以求的地方。这条红地毯尽管稍嫌粗糙、廉价，可是却承载了多少人的梦啊！我仰望着天空，陷入沉思……

今天是开学典礼，能走上红地毯接受鲜花和掌声是多么自豪的事啊。

一缕阳光暖暖地照在我身上，暖暖的却不灼热，明亮的却不刺眼。天空不再灰暗，反而变得富有光泽，而且蓝得剔透，几朵白云的映衬使之更清新、淡雅。偶尔拂过的一阵风让心沉醉其中，尽情荡漾。

坐在观众席上的同学不时投来羡慕的目光，让我的心中如同吃了蜜一般甜滋滋的。

当那一张获奖证书落在我手中时，我的心情激昂起来。我一学期的收获凝聚在这纸证书上！心中似乎有一个声音响起"加油！继续努力！"我抬头注视着老师，在她的微笑中我看到了肯定，我看到了欣慰，我看到了信任。

心中如同波涛翻涌。捧着奖状的我心中有棉花糖般的丝滑、柔软；有奶茶的美味、醇香；有白开水般的平淡、平静。可是再镇静的表情也掩盖不住心中的喜悦。我笑着，是我发自内心最美的笑。

我深呼吸，感受到了校园里独特的气息，花香、菜香、书本香……今天似乎和往常一般普通，却因为走上红地毯的那一刻变得不同凡响！

走下红地毯，心里还回味着刚才的感受。再一次抬头，竟看到了太阳的欣慰，云朵的笑脸。

如果说人生是一幅画，那这一天就是浓墨重彩的一笔；如果说人生是一首歌，那这一天就是激昂雄浑的乐章；如果说人生是一次航行，那这一天就是梦想扬帆的起点……

难忘开学典礼，难忘这令人心潮澎湃的一天。我在心中播种下一颗名为梦想的种子，默默地用汗水浇灌它，期待着它发芽、滋长、绽放！

那 一 抹 虹

毛翔宇

在瑰丽神秀的自然风光里，我独恋那一抹虹。

在我刚入小学时，虹，是那雨雾中靓丽的弧线。

提着水壶，灌满清水，随爷爷来到屋后五彩的菜园里。只轻轻一按，朦胧的水雾便笼罩在了棵棵植物上。水幕之中，依稀可见赤橙黄绿蓝靛紫，似乎一幅拓印的山水画，笔墨自然。那色彩，似乎是从阳光中直接剥离而出的。沿着菜园小路往前走，两旁碧叶嫩荚，玉枝香瓣，粉如胭脂，红似烈火，白如美玉，色味融为一体，让人迷离。还有那微微润湿的灰褐色地面，与这虹相得益彰，仿若仙境。懵懂的我呆呆地看着这一切，很是兴奋。

后来，虹，是那街边的树。

立足街边的绿荫中，凝视那一棵棵古树。叶，由秃枝上吐出，苞开叶展，娇嫩的新绿，成熟的深绿，淡雅的浅黄，或可见红枫，红红火火，这些都是偿还给大地的美丽。跨越了时空的阻隔，叶的变化，我脑中似在放映着一部动画：风吹来，各色糅合、流动，流成一带不同以往的虹。色相的变化，成了一种人世轮回的象征：从无到新生，从新绿到秃芜，叶落归根终归寂静。这自然的大法则，充实着我的身心。

现如今，在我心中，虹，是校园里一座小小的喷泉。

光照下的喷泉，彩虹清晰可见。同样是很直观的形式，我却已与过往有了不同的感悟。虹桥中映照着秋之丰收，那是去年入校时的喜悦；映照着冬之清冷，那是去年冬天的小雪；映照出春之新绿，那是今年新生活的开始；也必将映照出即将到来的夏之炽烈。在这青春洋溢的校园里，我愿汲取虹的永不褪色的希望，用一颗赤诚的心，让梦想飞上蓝天。

虹伴随我成长。人在长大，世界在变，但有种东西在我心中始终保持初态，那就是我对虹的眷恋和虹给予我的美好。

摇曳一树的碧绿

最美人间四月天

龚宇鑫

一抹夕阳映亮了天际，漫天是渐变的光晕，一圈一圈打着转，笼住了天际，像是柔软的绸带隐隐地蒙住了即将降临的黑夜。远处的那圈红环被云雾蒙上了一层淡淡的红晕，不知不觉那红晕渐渐淡去，像是散去了仙气，或是说那红环悄无声息地藏在了一片淡蓝之中。四月的天，淡得好快啊。天际迷迷蒙蒙，有种说不出的圆润感，像是从西边到东边画上了一个美美的轮廓。

天是暗下来了，可是门前的精灵却还闪耀着剔透的光泽。曲折的棕黑树枝，从粗到细，向上向外伸展着，四月里它更显活力。枝上开始萌芽，从微小的芽儿到一大朵的玉兰花，快极了！朵朵玉兰花，畅意地绽开了，像墨点滴在纸上一般，迅速地绽开，将花瓣从底部向上向外弯曲，优美的弧度连大师的墨笔都勾勒不出来。看见那玉兰花，我的心思也像花瓣一样绽开了。花儿似盏盏花灯一般，有纯白如雪的，丝滑细腻、纯洁无瑕；有底部翻红再渐渐地翻白的，妩媚动感，惹得人丝丝喜欢窜上心头。那枝干好似舞女，婀娜的身姿却是一身的朴素无华，衬起那一盏盏花灯，共舞起来。花灯在夜幕下闪烁着微弱的光，照亮了一周，点缀着舞女的翩翩舞姿。其实，我自己也不知是那花灯衬出舞女婀娜之美，还是舞女衬出花灯精致之美。总之，花灯和舞女共衬，点缀的是别样的春季，装扮的是那柔美的四月天。

夜幕已经降临，自然之光隐隐退去，鲜亮夺目的霓虹灯和室内柔和的光占据了夜晚。放眼望去，是小区人家的室内灯，柔和的室内灯照亮了整栋大楼的轮廓，大楼顿时温馨极了，洋溢着亲情的和谐，充溢着合家的欢乐！四月还有一处风景，便是人家的一份温暖，即使是夜晚也依旧闪烁着光芒。映衬在四月柔和的微风下的是更美的景，更亲的情，四月的夜晚是一份甜蜜，一份丝丝的甜蜜，在我的心头泛起晕圈，甜进了心里头去……

四月果真是美，物美、人美、景美、情更美！四月的人间是一卷写不完的诗作；是一段传不完的佳话；是一曲奏不完的旋律；是一幅赏不完的彩画……

细细一看，那是赏不完的景致，赞不完的情意啊！爬上枝梢的生命点缀着勃勃生机的四月，掠过心头的温情化开浓浓暖意的人间。

啊，最美人间四月天！

摇曳一树的碧绿

你听你听

孟 雪

　　大地醒了，花草上的几颗小露珠隐约闪烁，眨着惺忪的眼睛。渐渐，太阳撒出了一缕阳光，伴着小鸟"叽叽喳喳"的歌声，趁着露珠落到水里的"叮咚"一声，新的一天开始了。这时，你是否听见了这大自然的声音？

　　是的，你没有。你还在睡梦中轻轻地打鼾，你还在家里打扫做饭，你还在途中奔波……是的，你太忙了，与自己竞争，与时间赛跑。但在你无聊上网、看电视时，你有没有想到过，静下来几分钟，来细细聆听这来自大自然的天籁之音？

　　静下心来，细细倾听，慢慢品味，你会发现一个不一样的世界，一个充满美的世界。也许你能听到风的细语，草的生长，落叶的"咔嚓"声，雪花的华尔兹舞曲……顿时，你会忘却了一切烦恼，你会沉浸在大自然的美之中，得到无限的乐趣。

再仔细听听别人的话语，不要总是心不在焉，一意孤行。品味老师的教导，你可以获取更多的知识，有更多的感悟；倾听家长的话语，你可以得到更多的人生经验，知道以前的风风雨雨，聆听报纸的诉说，你能了解天下事，得知更多消息，增长阅历……听，是一种很好的方式，让你懂得，让你感悟。

你听你听，国歌正在响起，你听出那段惨痛悲壮的历史了吗？你感悟到那些无奈的人们的希望了吗？听，是一种学问，人人都听得见，但不一定人人都会听。不要用"忙"这一个字，掩盖了世间的美好；不要用"急"这一个字，降低了自己的品味。

你听你听，蝉儿在唱歌，夜幕降临了。躺在床上，听动物的歌唱，听风的细语，听月亮诉说的故事……

春 意 太 湖

安家承

> 自然的美不仅在于她本身，还在于她与人的
> 交流。
>
> ——题记

已是暮春，携着一丝对早春的怀念，怀着对太湖之畔胜景的眷恋，我踏风而至。

太湖美丽依旧，风采依旧。芳草青青，碧波点点，诠释着活力与生机。踏着碎石铺成的湖边小路，赏着路边的无名花草，闻着花的沁人芳香，空气中氤氲着泥土的香味，还夹杂些许水气的味道，我顿时满心惬意，不能自已。大自然的魅力不可阻挡，三叶草令我好奇，让我迫不及待地去寻找那一株幸运的四叶草；路边的苍松高大挺拔，香樟枝繁叶茂，令我不住地想摘下一片叶，吹出悦耳

的声音。面对这一切，我感叹：好一片相依相衬的太湖风光！

沿湖边漫步，我不经意地瞥向湖面。湖面静谧而闲适，一只只渔船在岸边小憩，有时会看见满载而归的渔船，仿佛能听见人们的欢声笑语。偶尔有一片不知从哪里飘来的树叶落下，先在近水面的低空旋转，继而翩翩起舞，最后绅士般落入水中，不发出一点儿声音，只有随它泛起的一圈圈涟漪能证明它的存在。一阵风拂过湖面，白色的微浪随风起伏，轻抚着岸边的礁石，演奏着一部动听的交响曲。远眺水与天的交界处，那淡淡的水墨，成为我心中永恒的影像。大自然就这样用一种淡雅之美感染了我。

大自然的怀抱里，更多的是一种洒脱、奔放。大饱眼福之后的我，食欲已然大开，更加抵挡不住烧烤的美味。烤炉、烤架，烤串，一切就绪，家庭美味聚会开始了。我陶醉而欢快地嚼咽着烤串，同时享受阵阵微风带来的舒适与惬意。美味，美景，让这一刻成为最快乐的一刻。饱餐过后，那幸福的味道还余绕在唇齿间，令人回味无穷。

这次出行，还有只小狗陪伴，可爱的它让人一见难忘。它对大自然更是有说不出的喜爱。放开牵绳，它在花草之间狂奔，一会儿嗅嗅绿草，一会儿闻闻红花，好不自在，好不幸福！看着它与花草之间的交流，我不禁想到：自由的天性，是不能禁锢的，动物与自然，本应融为一

摇曳一树的碧绿

体。

时间快到了，我要走了。告别这令我流连忘返的太湖，与自然说一声"再见"。但我与自然的交流，却永不停息。我相信，自然在与人的交流下，才会展现更多的光彩。

蓦然回首，湖边的花草丛中，又多了一丝新绿……

夕　阳

刘一苇

　　夕阳又挂在了天空之中。它那么耀眼，好像一颗金色的宝石，折射出了灿烂的光芒。这光芒却格外柔和地披在了高低错落的房屋上，披在了整齐挺拔的行道树上，披在了行走匆匆的路人身上。整个世界被镀上了一层金黄，显得那么安详、宁静与和睦。我只听见来往车辆的喇叭声，喧嚣嘈杂；也有路人的说话声，吵吵闹闹，却充满了亲切感与生机。这声音伴随着西斜的太阳，使傍晚与沉寂的下午相比，显得多么惬意、多么可亲。

　　阳光也毫不偏心地透过窗子，照进家中。它是那么刺眼、灼白，让我不得不闭上眼睛，不敢直视它。但即使闭上了眼睛，也依旧能感受到这阳光的存在，它充溢着整个房间，让屋子充满温暖的气息。它在我周围浮动，一伸手就能感受到它的温度。这温度不像早上的阳光一般和煦，

185

不像中午的阳光一般毒辣，它的温度是独特的，也许正好照应了我心灵的温度，使它与我那么默契。我又睁开了眼睛，生怕太阳会在一不留神中消失在我的视野，要再经过漫长的一整夜，才能与它重逢。"夕阳无限好，只是近黄昏"，夕阳的确无限好，可黄昏也无限美好。我喜欢"黄昏"这个词语，它远远比"傍晚"来得更有诗意。在我的印象中，黄昏就是一轮璀璨耀眼的斜阳，把整个世界染成了金黄、鹅黄、土黄、柠檬黄、浅黄……各种各样的黄色交叠在一起，它们在暗示人们：这一天快要结束了，放下手头的工作，回家吧，休息吧！所以把诗句改成"又是近黄昏"似乎才更切合我的心意。

　　我又想起之前在夕阳余晖的笼罩下，我和同学们一起蹦跳着回家的情景。那时，我多么热爱这一轮斜阳！它代表着归家和自由，现在我却再难为之驻足了，连匆匆一瞥也不带任何情感。我只在匆匆忙忙地赶向宿舍的路途中，感受到一丝温暖在背后绽开。而急急忙忙走出宿舍时，天已经是暮色沉沉，黯然无光。就这样，我一次又一次和它错过。我不停地安慰自己，以后总有机会再与夕阳相遇。可是会有吗？我知道以后我会越来越忙，升入更高的年级，分秒必争，但连感受斜阳温度的机会都没有了。那些工作上班的人们，更是在人挤人、车挤车的下班途中与夕阳擦肩而过，哪里还有机会欣赏它那美丽的姿态？

　　想到这里，夕阳似乎也有同样的落寞和惆怅，它变得不再刺眼，而是温和地收敛了自己的光芒，想要竭力将云彩变得更五彩缤纷。此时，霞光笼罩了一切，天地之间朦胧一片。开始有路灯开启，一盏一盏，与晚霞遥相呼应，构成了一幅奇幻多姿的落日彩霞图。尽管夕阳将要消失，可它还是止不住对今天表演得几近完美的收场感到得意，于是它渐渐变大、变红、变圆。我目送着它渐渐下坠，依依不舍地向它道别："再见，夕阳！明天再会！"

夕阳仿佛也很是不舍，边上的火红、橙红、果红、鹅黄、浅黄、绛紫和蓝色一圈一圈漾开来，绚丽夺目。最后，它挟着红色慢慢沉入了地平线下方，我向它挥了挥手，我的心随着它去向了另外一个世界。

摇曳一树的碧绿

勇力嘉

如今，我是更爱那三棵白玉兰了。

我暗中注意它们很久了，它们一步步地成长我都留意着。还记得，几个星期前，它们惊艳地绽放……

早晨，吃完早饭，向教学楼走去，紧靠楼房的一隅花坛中三棵白玉兰含苞欲放，它们蓄势已久了！春风吹过大地的那一刻，它们就默默地酝酿着。黝黑的枝条上不知不觉抽出芽苞了。几日后，芽苞长成了玉手般聚拢着的小花骨朵儿了。现在，它们又丰满了许多，朵瓣已经微微分开，白玉般剔透嫩滑的瓣片让人忍不住要去抚摸。它们要绽放了！暖风一吹，朵瓣如莲花般散开，把圣洁的香气传播、扩散。晌午之后，三棵白玉兰完全绽放，美丽至极，我不胜欢喜。

但是好景不长，白玉兰竟"昙花一现"，开始落瓣了。每次经过花坛，三棵白玉兰都凄艳地凋落了一地的花瓣。白玉兰花瓣大，凋落时，洁白的花瓣似折翅的白鸽，摇晃着跌入草丛，隐没消逝了去。而缺了花瓣的花盘似一面破镜，难以重圆。一周过后，则是一树令人伤怀的残朵……

对着秃枝，我慨叹：诚然"年年岁岁花相似"，可"岁岁年年人不同"。以后的我会何去何从？现在的我略微迷茫，略微压抑，残朵说中了我的心事。何日君再开？

然而这几日，情绪低迷的我却发现了转机。白玉兰又活了起来。或许，这几日还看不出，可回校之后，玉兰的表现没让我失望。它们披上碧绿的外套，又重新加入春的行列，通身傲然、喜人的嫩绿，让我心情大好。哈，白玉兰摇曳着一树的碧绿又回来了！它们不再靠着娇嫩的花，不再临风短暂地开放，而是拥有了新生的美，嫩绿的美，活泼的美，长久的美。看吧，它的叶，圆滑通透，厚实光泽，嫩得仿佛能掐出水来。整个枝条被点点碧绿所占领，深咖色的枝啊，随风摇曳着，那片片碧绿也灵动起来，仿佛在向我点头微笑，迎接着下一个生命的轮回。呵，凋落又何妨，寂寞又何妨，隐没又何妨，我没看出白玉兰树下涌动的新叶，我没看见它背后辛勤的劳动汗水。它却在我转身的一瞬间，经受了短暂的落寞之后，汹涌地归来，摇曳着一树胜利的碧绿。

那碧绿也点通了我的顿塞，迷茫，散也；疑虑，去也，那通畅的碧光闪过脑海。是的，我该披上战袍，摇曳着胜利的碧光，去迎接我的春天！

玉兰花瓣，在我心中永藏

奚黄莹

打开一本旧书，本来只想随便翻看一下。可才翻了几页，一片暗黄色的东西从书中掉落下来。弯腰仔细看，原来是一片玉兰花瓣。这花瓣已经变得暗黄暗黄的，可上面的叶脉却清晰可见。这片扁扁的、暗黄的，还有些脏脏的玉兰花瓣，让我想起了许多往事。

那是一个玉兰花盛开的季节，当时我的爷爷还健在。院子里唯一的那棵玉兰树就是他种的。

那时候，爷爷知道我很喜欢邻居家的那棵玉兰树，所以想尽一切办法帮我向别人要了一棵玉兰苗，就是为了让我开心。树苗刚到家的那一天，我就像一只快乐的小鸟一样，忙里忙外，帮爷爷种树。只见，爷爷提着铲子，找了一块空地，开始挖坑。他一只脚踩在铲头上，另一只脚微微向前弯曲，然后用力一踩，铲头就插进了泥土中。接着爷爷双手用力把铲子往上翘，于是一铲泥就被"转移"了。像这样铲一个圈，一个坑就挖好了。我急急忙忙把树提进坑，爷爷把刚挖出来的土盖在树根上，把树固定好。我又提来一桶水倒在了树下。爷爷看着我忙碌的身影，笑着说："囡囡，你去休息一会儿吧！""不用，不用了！"经过我们俩的努力一棵树终于种好了。爷爷满头大汗，他一边抹汗，一边对我说："让小树和囡囡一起成长吧！"

可是，爷爷只看到玉兰树开了两次花。当开到第三次的时候，爷爷就去世了。临终前，爷爷对我说："囡囡要像玉兰树一样，勇敢地生活下去！"我用力地点了点头。当爷爷闭上眼睛后，大家都沉浸在悲伤中不能自拔，我却冲到玉兰树下捡起一片刚掉落的洁白的玉兰花瓣，夹进了我和爷爷最爱的一起读过的书中。它成了我和爷爷最美好的回忆。

又是一年玉兰盛开时，我看着窗外的玉兰树和手中的花瓣，就好像看见了爷爷那慈祥的笑容。这花瓣将会永远藏在书中，也将永远藏在我的心里。因为它寄托着我对爷爷的爱与思念。让爱与思念永存，那玉兰花瓣永藏在我的心中！

摇曳一树的碧绿

山 的 声 音

朱静煊

一阶，两阶，三阶……

清晨的阳光颤巍巍的，悠悠大山之中，我的脚步声慢慢地回响。我一步步走上山巅，一步步走近自然。

山的两边，着实美丽。

细碎的阳光打在初夏茂密的树叶上，留下了一地斑驳。绿，是这片天地的主旋律。它延伸着，延伸着，从两边看，根本望不到尽头。阳光赋予了这颜色盎然的活力，使整片树林都显得灵动而富有生机。

欣赏着两边如诗的景色，不知不觉地，就走过了第一个休息亭，步入了青山的第二阶。

如果说第一阶景色如诗，那么第二阶景色就如歌了。那么美妙动听的音乐，恐怕只有大自然才能塑造出来。鸟鸣声偶响于耳畔，山泉不知隐匿在何处，只闻其叮咚之脆响，却不见其身影，但它似乎流在我的心田上呢！我想，那水中，该是没有任何城市气息的，它被郁郁葱葱的树木熏染得也成了绿色，纯净得没有一丝杂质。而树木在这泉水的滋润下，仿佛也更显生机了。

我沉醉于这景色之中！我多么想驻足在此，欣赏个够啊！但时间，即使在自然之中，也存在着。时间有限，我的目标，是登上山顶。再次回首望着那片景色，我只得恋恋不舍地登上第三阶，向山顶进发。

第三阶的一幕幕美从眼前流过，只剩下一声声对美的感慨，积存……

一缕强光从不远处透进——我知道，那，就是山顶了！

我加快了步伐，迫不及待地冲上了山顶。右脚离开最后一级台阶，我嗅到了清新的空气，它丝毫不掺杂城市腐化的气息。它迎面扑来，仿佛要占据我全部的呼吸。

站在栏杆前，我仰视着那触手可及的蓝天、白云，俯视着那微小繁复的高速公路和来去匆匆的车辆——原来它们都离我那么近！我张开双臂，接受着自然的洗礼，那缕风却送来了一阵缥缈的声音，是山的声音！真真切切的，是山的声音！它被风送进了我心里……

人生也是这样，很多美景会令你流连，会引你驻足，但它们只是人生的过客，真正属于你的最美的风景，永远在前方……

四 季 歌

邵诗皓

一眨眼，冬已逝去，春也过了半。今早去鼋头渚赏樱，不料，半树未开，半树却已落尽。时光飞逝，我竟有些追不及。

早已记不清上个春天我是如何度过的了，然而却又恍惚觉得那还是昨天的事。说实在的，幼时的我并不喜爱春。这似乎与杨红樱的小说有关，不记得是哪篇文章了，总之，她说春天是蛇复苏的季节，从那往后，我对春的印象便是那扭着身躯匍匐前进的花蛇。直到后来搬了家，无意间透过客厅的落地窗看到楼下的花园里，树木竟也成了彩色的，经过园丁的巧妙设计栽培，这些冒着芽的植物构成了一幅出色的画卷。我恍然顿悟，原来春天是真的如世人所说的那般婀娜多娇，那般如诗如画。再想起今早遇见的一树树樱花，着实令我心旷神怡。听旁边带队的导游说，别的花都是一朵一朵开的，而樱花是一枝一枝开的，这委实令我感到惊奇，想不到一向让我感到艳俗的花儿也有自己的个性，也有自个儿独到的韵味。这就是花特有的魅力吧，要不然春天凭什么这般骄傲？春天，肆意生长。

说到夏，它似乎没有春那么甜，反倒有丝咸味儿，因为我即刻想到了贯穿整个夏天的汗水。为了夏，我不断拼搏奋斗，期间不知有多少辛劳。现在想起来都像做梦一样，那一连串的经历竟让我一时无暇顾及回忆，像被生活鞭打着向前的机器人，根本不用自己考虑，甚至没有时间考虑。每一个夏天似乎都很忙碌，忙着复习，忙着考试，忙着东奔西走，忙着过被现实追打着的生活。我似乎从未认认真真看过夏天，哪怕就那么一眼，唉，写下来才知是如此可惜。其实，我挺喜欢夏天的，因为它热。这么说似乎有点儿奇怪，但事实就是这样。就像我喜欢期末的复习阶段一样，我喜欢那种被生活控制、逼迫的滋味，喜欢那种和生活斗智斗勇、争夺自由的感觉。因为它本身是咸的，所以才更要活成甜的；正因为它被束缚着，所以才更值得追求开朗。夏天，恣情奔放。

秋天，说实话我并不怎么喜欢，看着叶黄叶落，好像有些许苦闷，有点儿深仇大恨没来得及报的感觉。但秋天也有让我不得不爱的特点，对于别人来说或许是收获，但对我来说却是开始。这是一个新的学年的开始，一个自我创新的突破。这个季节似乎是一年里最励志的时候，对于我来说，学业上的事，都才是一个开端，自然尾巴夹得更牢，脑子里的弦绷得也更紧。对于秋天，无话则短，有话则长，想说的似乎也就这些，总而言之，秋天，多思多想。

至于冬天嘛，留意的就更少了，一切都单调了，没有太多色彩，没有太多声响。就拿天空来说，也是少有云，鲜有雨。有些懵懂，似乎在冬天面前自己还是太过幼稚与不堪，有些深刻，毕竟与炎热相比，寒冷更为刻骨，更为铭心，更加让人难以忘却。年轻的我们对待冬天好像也没了太多热情！不光是太单一吧，是不是还有扮深沉的小情绪呢？确实，在年迈的冬天面前比成熟，还真的是嫩了些呢！冬天，笙歌慢唱。

时过境迁，四季轮回，生生如歌。

让我铭记的一句话

陈诗航

一个有力而严肃的声音常常会在我的耳畔响起，那是让我铭记的一句话："踏踏实实，一步一个脚印，就不会跌倒！"

那是一个暑假，我还未从期末考试失败的阴影中挣脱出来。亲戚们却一个个都来问："考完了吧，怎么样啊？"每每这时，一向开朗、外向的我，只能沉默。而外公一个人静静地在一旁看着，什么话也不说。

几天后，外公突然要我到田里帮他干活，我愣住了。听到外头知了那痛苦的叫声，我犹豫了。瞧瞧外公那严肃的眼神，我答应了。

火辣辣的阳光洒在一棵棵小稻上，小稻埋着头，静静地享受着微风带来的凉爽。我嘴里含着棒冰，眯着眼，换上套鞋后，便随外公走上田地中唯一的一条小泥路。

外公戴着一顶年代已久的草帽，慢慢悠悠地在小路上走着。在外公高大的身躯后躲太阳自然是好事，但这慢速度我实在受不了。从嘴里拉出棒冰，问："外公，我们要走到哪儿？能走快点儿不？"外公不作答，仍然是不慌不忙的样子，好像在饭后散步。我踩着因夏日暴雨的冲刷而烂兮兮的、坑坑洼洼的小泥路，一步跨到外公的前头去了。外公没有说什么，我便踩着烂泥向前跑去，路两边的小稻也被我带动着摇头晃脑起来，好像也想出来和我一样跑跑。我转头瞧了瞧外公，他已成为了远在天边的一个黑影。我很有成就感地踏上了田地的另一边的小路，舔了舔手中快要化掉的棒冰，自豪地向外公招了招手。外公停了下来，示意我过去，我一下跳起来，擦了擦汗珠，大步向外公奔去。不知怎的，快要到时，突然被路中的什么绊了一下。我倒在了一堆烂泥里，一旁的小稻晃来晃去，好像在冲我摇头。这时，外公俯下身，用他有力的手拍了拍我的脑袋，"自己爬起来。"我有些不情愿，心想："自己的孙女摔倒了也不扶一下。"站起来后，我注意到了外公的眼神，坚定严肃，对我充满信任，也有一丝丝的温柔，他说："一步一个脚印，踏踏实实，就不会摔倒。我的乖孙女，不要急于求成。"我愣在那里，外公转身走了，我瞧了瞧自己脏兮兮的衣服，竟哭了起来。

在那之后，我反复反省自己，领悟到了外公对我说这些话的用意。不踏实，急于求成，这就是我失败的原因，即使快要成功，也会因一时的大意而失败。每每在学校或在平常生活中，我都会非常小心、踏实地去做每一件事，虽然有时还是会失败，但我总会想起外公的话，重新开始。

　　"踏踏实实，一步一个脚印，就不会跌倒！"这句话，我会一直铭记在心。

往事依依

吴 双

时光似流水，而记忆中那些珍贵的回忆，便如溪流中的鹅卵石，经过长年的冲刷，显得愈发圆润、亮丽了。

我的儿时生活，并没有伟人、作家般的诗书气韵，却也别有一番风味。它让我感受到了自然、生活的乐趣。

在我五到八岁那几年，我几乎都是待在外婆家，因此许多美好的回忆，都由这儿来。记得我六岁那年的夏天，正值菱角长得茂盛，我也就在外婆后院的那一块长着菱角的池塘里，划船撑起了自己的一片小天地。到了菱丰收的时节，我就屁颠儿屁颠儿地跟在外公后面，撑了一个小木桶，去摘菱了。没料想，我这"猴子派来的帮手"菱没采几个，还闯了祸。当时我一眼看到一个极饱满的菱，心里那个高兴啊，竟忘了划木桶靠近，直接就伸长了小手，企图够到它。接着，木桶就以极快的速度倾斜起来，还没等我反应过来我就一脸惊慌地落了水。我的泪水一刹那就和着池水奔涌而出，待到扑腾了几下，站直腰板，却诧然发现，那水也不过及脖子而已。于是便不好意思地笑了笑，但随之又号啕大哭，外公外婆也面面相觑，不禁觉得好笑了。

八岁那年，我表妹也到了外婆家。正是播种玉米的季节，我和表妹脑海里想着玉米丰收后个个颗粒饱满，色香味俱全的样子，便都像打了鸡血似的，拿着小工具一溜烟冲到田地里了。但也只是拿着玉米种子在一旁愣愣地看着外公外婆锄地，然后再兴致勃勃地撒几粒玉米进去。种了几棵后，我又嚷着要试试锄地。于是，只见我费力地扛着比人高的锄头，一下砸进地里，鼓着嘴，铆足了劲儿往后一拉，却只拉出了一小块。嗯？年幼的我当然不服气，又重重地砸进地里。这一次，我酝酿足了情绪，脚往后一迈，扎了马步，猛地往后一拉，只翻出了一小块，我脚下一个趔趄，还差点儿摔倒。一旁不懂事的表妹却高兴得拍起手来，挥舞着两只小手也要走过来试试，外公外婆忙笑着阻止了她。最终，外公外婆也还算是顺利地完成了播种，没被我们两个捣蛋鬼扰乱了计划。

往事依依，承载着每个人儿时的童真、纯洁、希望与梦想，愿这些回忆能永远沉淀在时间大河里，与我们最初的本心相守，永不消散。

又是一年风起时

余天成

"还记得那个夏天，仿佛是昨天，微风吹过的一瞬间，似乎吹翻以前所有往事，只剩寂寞与孤独……"夏天，多少莘莘学子，怀揣着那份小小的理想，挥手告别过去，开始一段新的生活！

边走边停，蓦然回首，突然发现小学生涯即将离我而去。仔细想想，我发现我度过了一段酸甜苦涩样样俱全的生活，一段富有情趣的生活。

酸

回想我刚刚入学，一切都是那么新奇，一切都是那么纯洁，天上的云是白的，地是一尘不染的，我的心也是无比清澈的。但猛然一想，在我一二年级时，成绩是一直不好的，默写好几次被要求重默，老师不是说我的字太丑，就是说我的字太乱，看不清楚，只能批错，这让我成为语文老师身边的"常客"。最终，几经锻炼，历尽"千辛万苦"的我终于克服了这一困难。

现在，每当回想当时发生的事情，我还是会鼻梁酸酸的，泪水从眼角一滴滴流淌出来。

甜

三四年级是我小学生涯中最幸福的时光，那时我结交了很多朋友，可谓是"四海之内皆兄弟"。俗话说得好，"一个好汉三个帮，一个篱笆三个桩"。记得那是一次对我十分重要的考试，可却发现文具盒没带，我只好对着试卷发呆，好友看到我皱着眉的样子，无声地把笔和橡皮借给我，我一愣，继而与他相视一笑，低头开始奋笔疾书。

这滋味如同一粒糖滑过我的舌头，甜味儿在口腔中迅速蔓延起来。

苦

马上小考了，面临考试的压力，大家都开始努力学习，我们都清楚只有努力，才不会在小考筛选中被筛掉。"六年春秋在于一朝"，我也真切地感受到了教室里浓浓的火药味儿。每天，我做的最奢侈的事情大概就是与早晨的鱼肚白说"早安"，和傍晚的晚霞说"再见"了。

这滋味如同吃了黄连一般苦，不能下咽。

涩

马上要毕业了，第一个感到的不是高兴，而是离别的小忧伤。毕竟六年中，我们一起走过，不论愉快还是痛苦、悲伤，一个班，只因缘分而走在一起。即将离校，我终于逃离教室，因为我看不下去朋友的哭泣。

咬了一个柿子，才发现是青的，涩的。

挥手别六年，多少可追忆。

手携硕果去，酸甜苦涩齐。

亲切的怀恋

施菲凡

　　人这一生，会得到许多，但，也会失去许多。你也许不会在意那些从你生命中匆匆路过的人；但，对有些人、有些事，你可能却有着亲切的怀恋。

　　"爆竹声中一岁除，春风送暖入屠苏。"读着这样的句子，耳畔似又听到了独属于年的声音。曾经一到过年，就是我们几个小伙伴聚在一起，玩耍作乐的欢快日子。"买鞭炮去喽。"才从家长那领完钱，我们早就一溜烟撒开了蹄子跑向小卖部。只见一个个小脑袋挤在小店门口，推着嚷着问老板买烟火，好不欢快自在。想想那时也真是胆大，一个霹雳炸响，有的小伙伴早捂着耳朵赶紧跳开了，边跳还边嗔怪扔的离他太近了。而我早捂着肚子在那里笑得直不起腰来，"吓的就是你咯！""哈哈哈哈！"那时，我总是做恶作剧比较多的那一个。但那时也奇怪，大家扔扔闹闹，彼此也没有闹不开心，反而关系更紧密了。扔完了鞭炮就是点烟火。我们用颤抖着的小手，拿起火柴，划出一簇闪烁的火苗，刹那间，绚丽的烟花打着转"嗞嗞"地绽放在眼前，我们兴奋地笑着，叫着。"噼里啪啦"的烟火声总是和我们欢快的叫喊声夹杂在一起，构成了独有韵味的年的序幕曲。现如今所谓过年，不过是围坐在电视前，每个人手里捧着一只手机，抢着红包。即使是多年未见的朋友之间，最多的交流估计也只有那句群发的"新年快乐"了吧！现在才发现，过年，只是给我们一个在手机上多浪费一会儿时间的理由罢了。

每年大年三十，总要吃团圆饭，我家也不例外。每顿年夜饭，我都会吃撑，所谓"好像一年没吃饭"估计也就我这样。吃年夜饭时，一家八口甚至二三十个人齐聚一堂，这时奶奶可就有着忙了，什么红烧鲫鱼，八宝饭，老无锡正宗糖醋排骨……整整一桌，我一边不停地往嘴里塞食物，还不忘对奶奶竖个大拇指。一家人团聚在一起，男人们聊着事业、汽车、军事和政治。而家庭主妇们也没有一刻是安静的，聊聊孩子学习，谈谈家里琐碎。吃到差不多，我们一群小辈又要拿上饮料、茶水拜年去。全家最小的我，却领着那一群年纪大了却越来越羞涩的大哥哥大姐姐，蹦蹦跳跳来到长辈面前，说几句好听的话，拿上压岁钱，回到桌上去进行我伟大的奋斗——吃。每当这时，总要传来大伯对我的调侃声："小馋猫，你多久没吃饭啦？"我也不理睬他，眼睛紧盯着新端来的一道道热气腾腾的菜，而奶奶既怕我吃撑，又怕我吃不饱，早端了饭碗来，拍拍我的背，关切地说："小祖宗，你慢点儿吃，你看，好吃的奶奶都给你留着呢，慢点儿吃。"想到这儿，我不禁暗自好笑，曾经的我们是多么单纯；年味儿，是多么浓。而我也不禁暗自惋惜现如今过年，最多的难道不是出门"应酬"吗？朋友间，同学间，一家人八口吃顿年夜饭，是多大的奢望！祖宗辈传下来的习俗，却被手机、抢红包给取代了。

时代进步了，但年味儿、习俗却都淡了，不见了。也许我怀念的不是过年，而是年味儿和把大家紧紧相连在一起的那种氛围吧！

一 路 书 香

范雨婷

　　整齐的方块字灵动于我脑海，传神的人物形象鲜活于我眼前。撷着书香，我踏上成长的路，于是，生活在墨色中流淌，情感在文字中芬芳……

　　还记得儿时拥有的第一套书便是《十万个为什么》。至今我还清晰地记着，当我第一次翻开这本书的扉页时，一幅浩渺的星空图就这样猝不及防地映入我的眼帘。在万星璀璨的穹顶之下，世界以一种别样的姿态缓缓铺陈于我的眼前。我仿佛如一株刚刚破土的幼苗，如饥似渴地汲取着书中最温暖的甘露。这时的书如一位良师，循循善诱的教导我，勾起我内心对这大千世界的好奇与探求。

　　是书，叩开了我儿时稚嫩的心扉。淡雅的书香裹挟着我，带着探求，带着惊奇，走过童年的路。

　　终于，我褪去童稚，步入青春。在惊喜于这豆蔻的美好时，烦恼与疑惑也接踵而来。我在青春的路上迷失了方向，面对眼前无数的岔路口，我无所适从。而这时，曾经萦绕于我身前的书香再一次抚平我心湖的波澜，平复我焦躁不安的情绪。再一次的，我捧起了书，走进文字深处那个平和悠远的世界。我惊喜地发现，原来，随着阅读视野一点一点地开垦，不同风格，不同时代的文字在书中碰撞，交错，融合。我试着触碰这个百家争鸣的世界，无数古今中外的大家仿佛穿越时空，悉数来到我的面前：老舍的幽默简练，教会我透过生活现象触碰社会本质；鲁迅的深沉冷峻，警醒我在所有人都沉默时，发声是一种勇气；王尔德的精致华丽，告诉我美丑善恶的真正含义；木心的内敛忧伤，引领我触碰诗句下痛苦而又矛盾的情愫……我陶醉于这美妙的文字世界，在书香的伴随下寻找答案，剖析真理。后来，我又遇到了鲍尔吉·原野的文字。那来自北方的草原，平朴而又苍茫的文字一下拢住我的心。我感叹于一位驰骋于草疆的人，笔下的文字竟如此柔软而令人感动。他如一位拾遗生活的流浪人，将每一个闪光的碎片细心地雕琢，点亮每一个书香萦绕的夜晚。但真正感染我的，是他的文字间所透出的善良与朴实。是他内心深处对温暖和真善美的坚守。正是因为这富有温情的文字，让我在成长的路上，逐渐坚定一句话："尽力去做一个善良的人。"……这时的书如一位老者，以丰富的阅历引领我，告诉我人生的真谛。

摇曳一树的碧绿

是书，照亮了我成长前进的方向。清幽的书香引领着我，走上青春的路。

花开花落，燕去燕来。书香却一直萦绕于我身旁，它带领我向着更美的青春跑去。不再犹豫与踌躇——因为我知道，青春的路上，一路书香……

有一种色彩属于我

宋文静

我对杏树怀有一种特殊的感情，每当看到大片白里透着微红的杏花随风飘荡时，脑海里就会呈现出一幅幅和杏树有关的故事，想到和着雪白的杏花有关的一些人。

我八岁的时候，在外婆家玩耍，看见外婆家中有一棵高大的杏树，枝繁叶茂，杏花经过杏树一季的酝酿后，结出金黄的果实。我总是禁不住嘴馋，口水顺着嘴角往下流，金黄的杏儿都长在杏树的中部和高部，我搬来板凳站着去摘树上的杏儿，椅子摇摇晃晃的，我一下没有站稳，摔在了草垛上，虽然并没有受到什么皮肉之苦，却也吓得哭了出来。外婆闻声赶来，没有问我发生了什么事，只是把我抱进屋里，让我躺在床上。睡了一会儿走到屋外的时候，我惊呆了——外婆正站在椅子上摘杏呢！外婆这么大年纪了，万一跌倒可怎么办呢？我马上招呼外婆下来，

摇曳一树的碧绿

可她却说："摘够你吃的,摘完了我就下来。"我不知道该用怎样的话来描述当时的心情,只记得她说:"这棵杏树在外婆小时候就被种下了,外婆小时候经常上树摘杏儿。"你看,这老杏树下成长的我的外婆,一如老杏树上生长的杏花一般,善良美丽,最真挚的颜色啊,这是外婆送给我的礼物。

"妈妈,这是什么树啊!"九岁的我问妈妈,"当然是杏树了!"我马上想起一年前在外婆家吃的金黄的杏儿,有一天我不小心把杏树的树枝折断了,妈妈发现后狠狠训了我一顿,我非常生气地说:"不就是一棵小杏树,难道比我还重要吗!"妈妈用平静的语气对我说:"那棵杏树是外婆为我种的。"

后来,我才知道,外婆那天为我摘杏触发了老病根。妈妈经常对我说:"你看这杏花真美,你以后可一定要像这杏花、像你外婆一样做一个善良的人啊。"目之所及是大片大片白夹红的杏花,不知为什么,我感觉这两棵杏树都像外婆送给我的一般,像外婆一样教我做人要正直诚恳,教会我善良,就像这白色,寓意纯洁、美好、善良。

春风又一次吹过我的脸庞,外婆家的杏树开的花已在空气中弥漫着香气,那棵小杏树如今已长得很高,也已经开花了。白色像这杏花般填充了我的世界,想到外婆,我便明白,有种色彩属于我,它教会我善良纯洁。

成长需要感恩

李 朵

马路两旁的树木飞快地向车尾跑去，只一瞬间，就消失不见。我坐在送我回学校的车里，拿出了书，准备开始复习。

突然，一盒曲奇映入了我的眼帘，我吓了一跳，合上书，抬起头，是妈妈！"朵儿，给你的曲奇！"我感激地冲妈妈笑了笑，接过那盒曲奇。

仍然是我最喜欢的种类，熟悉的蓝色包装上印着精美的图像，再一次令我感动。

打开盒子，一股浓浓的属于曲奇的招牌香气向我迎面扑来，使我一个激灵，感到幸福。不知不觉，妈妈已拈起一块，放入了口中。直接先吃起来了？我又笑了笑，但没说什么，也吃了起来。可吃着吃着，我感觉有些不高兴了，妈妈怎么吃了这么多？这样，还算是"给我"的曲奇吗？

　　"妈妈，"我打趣地问道，"你今天胃口怎么这么好啊？""啊？"妈妈猛地抬头，曲奇噎在了喉咙。"哦，没什么，就是……你今天吃了好多曲奇啊。"我试探地说。妈妈愣了好一会儿，读出了我的心思，像做错事的小孩子一样低下了头，把手里的一块曲奇放回了盒子里。

　　我看到，那是一块提子曲奇。我厌恶地皱了皱眉。

　　"我以前听你说你不喜欢吃提子曲奇，就想替你吃掉……"她的声音越来越低……

　　我愣住了。我没想到，妈妈居然是这样想的。我误会了妈妈。"妈妈，你就吃我不吃的东西啊！"我感动地抬起妈妈的手，把我最喜欢的一种曲奇放了上去。看到她吃下去，我才捧起那块提子曲奇，神圣地放入口中。虽然我仍不喜欢那股提子的味道，但爱的香味战胜了一切。

　　"妈妈，谢谢你。"我又长大了。

　　马路两旁的树木虽然只闪现在一瞬间，但你会因为它的出现而兴奋：看，我在前进。生活中的感动虽然只存在于眨眼间，但你会因为它的意义而永远铭记：看，我在成长。

　　妈妈的爱使我感动，亦使我感恩。我想，我长大了。

　　成长需要感恩。